왕·초·보·를·위·한

4주 완성 일본어 첫 번째 걸음

語文學社

교재구성

본 교재는 완전초보자를 대상으로 하고 있으며, 또한 초급단계의 학습을 목표로 하였다. 각 파트별로 모든 단어를 반복 제시하여, 단어로 인한 부담감으로 문법학습효과가 감소하는 것을 최소화시키고자 하였다. 단어를 반복적으로 제시함으로써 자연스레 단어를 익힐 수 있도록 하였고, 가장 간단명료하게 일상회화를 할 수 있도록 불필요한 표현은 제외시켰으며 다른 간단한 표현으로 대체하였다. 누구나 사전만 있으면 얼마든지 자신의 의견을 표현할 수 있을 정도의 문법을 정리하였다.

문형연습 : 이 과에서 배우게 될 표현을 정리하며, 예문을 통한 치환연습을 통해 문형을 익힐 수 있도록 하였다. 기본단어를 제시함으로써 문형학습에 집중할 수 있도록 하였다.

본문 : 실제로 일어날 수 있는 상황에서 자연스러운 회화를 익히며, 문형연습에서 학습하였던 표현을 다시 한번 확인한다.

본문해석 : 한국어해석을 보면서 바로 일본어로 바꿔서 연습하면서 본문을 다시 한번 복습을 한다.

회화연습 : 그림을 보면서 제시된 단어를 이용하여 문형연습을 한다.

독해연습 : 모국어실력이 외국어실력의 절반이라는 말이 있듯이, 외국어를 모국어로 깔끔하고 정확하게 전달할 수 있는 능력 또한 외국어실력에서 매우 중요하므로, 간단한 단문들을 통해 번역연습을 한다.

필수단어 : 본문에서 반드시 익혀야 할 단어들을 외운다.

오문정정 : 문법을 제대로 익혔는지 잘못된 표현을 찾아내어 다시 한번 정리한다.

마무리-1 : 문형연습에 나왔던 예문의 한국어해석을 보면서 일본어로 말하는 연습을 한다. 마무리-1의 정답은 마무리-2의 문장이다.

마무리-2 : 문형연습에 나왔던 일본어 예문을 읽으면서 발음연습을 하고, 한국어로 해석을 해본다. 마무리-2의 정답은 마무리-1의 문장이다.

머리말

일본어로 기본적인 회화가 가능하려면 얼마나 배워야 할까?

현장에서 일본어를 가르친 경험으로 미루어 볼 때, 최소한 수개월이 걸린다. 대부분의 학원과 교재역시 기본회화에 적지 않은 시간을 할애하고 있다. 하지만 수개월 동안 쉬지 않고 일본어에 투자한다는 것이 시간적으로 금전적으로 생각만큼 쉽지는 않은 모양이다.

처음 히라가나부터 시작해서 수개월 연속하여 기본과정까지 가는 학생은 정말 드물다. 자신의 능력을 쌓아서 몸값을 올린다는 차원에서 일본어를 배운다면 사실 수개월도 짧은 시간이겠지만, 가벼운 마음으로 일본어를 배우고 싶어 하는 학생들에게는 무척 긴 시간이 될 수도 있다. 또한 기본과정에는 사실 꼭 필요한 표현이 아닌 것도 상당수 포함되어 있고, 빈도수가 그리 높지 않은 표현들 역시 들어 있다. 물론 외국어로서 일본어를 배우려면 당연히 익혀야 할 표현들이겠지만, 실용성이나 시간적으로 봤을 때 이런 표현들은 모처럼 일본어를 배우고자 시간을 낸 학생들을 한두 달도 채우지 못하고 포기하게 만드는 커다란 요인이 된다고 생각한다.

일본과 일본 문화에 대한 관심으로 인해 일본어를 배우고 싶어 하는 학생들이나, 일본여행을 갔을 때, 간단한 회화정도만 통할 수 있을 정도의 일본어를 원하는 학생들에게 맞는 교재나 과정이 현재 별로 없다는 점을 안타깝게 생각하여, 「4주완성 일본어」 시리즈를 준비하게 되었다. 수개월의 기본과정을 4주라는 짧은 시간으로 단축시켜 일본어의 기초를 잡을 수 있게 하였다, 더 많은 사람들이, 더 적은 시간에, 더 높은 성과를 올릴 수 있기를 바라는 마음이다. 일본어를 배우는 데 있어서 초석을 마련하는 과정으로 본 교재가 활용되기를 희망하며, 일본어 표현 중에서 간단하고, 간결한 표현을 중심으로 한 일상회화로 구성하였다.

나름대로는 그동안 짧지 않은 현장에서의 경험을 살려서 쉽게 익힐 수 있도록 노력하였다. 일본어 입문의 가장 초입에 있는 과정인「4주완성 일본어」가 앞으로 좀 더 풍부하고 다양한 일본어를 익히는데 초석이 될 수 있다면 더 할 나위 없는 보람이 될 것이다.

부디 이 교재를 이용하는 사람들이 이와 같은 취지를 잘 살려 원하는 만큼의 결실을 얻기를 바라며, 이 교재를 출판하기까지 많은 도움을 주신 어문학사와 이 책을 감수하여 주신 키쿠치 세이지 교수님께 감사의 말씀을 전한다.

이성순 · 송현미

CONTENTS

1 C.h.a.p.t.e.r

문자와 발음 1

- 청음
- 탁음
- 반탁음

1 청음

あ행

あ ア

あめ
비

い イ

いす
의자

う ウ

うま
말

え エ

えき
역

お オ

おに
도깨비

か행

か カ

かさ
우산

き キ

き
나무

く ク

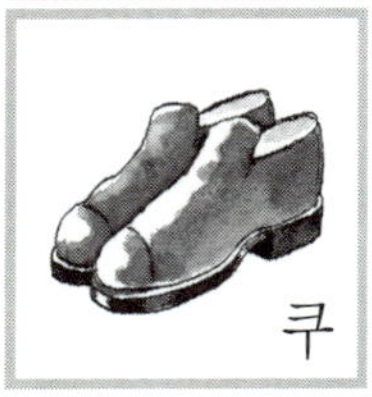

くつ
구두

け ケ

けむり
연기

こ コ

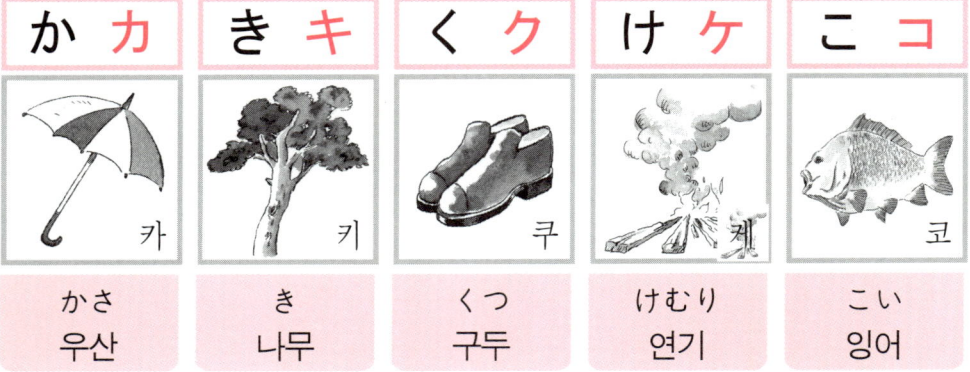

こい
잉어

● さ행

さ サ	し シ	す ス	せ セ	そ ソ
사	시	스	세	소
さる 원숭이	しか 사슴	すし 초밥	せんせい 선생님	ソーセージ 소시지

● た행

た タ	ち チ	つ ツ	て テ	と ト
타	치	츠	테	토
タクシー 택시	ちち 아빠	つき 달	て 손	とけい 시계

● な행

な ナ	に ニ	ぬ ヌ	ね ネ	の ノ
나	니	누	네	노
なつ 여름	にわ 정원	いぬ 개	ねこ 고양이	ノート 노트

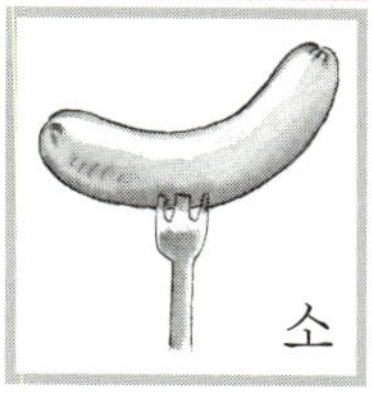

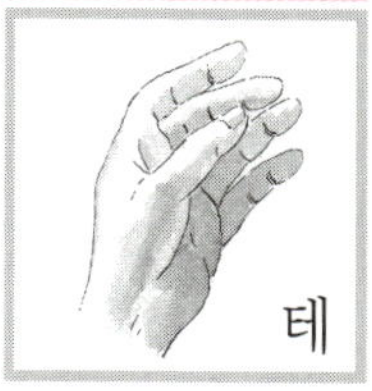

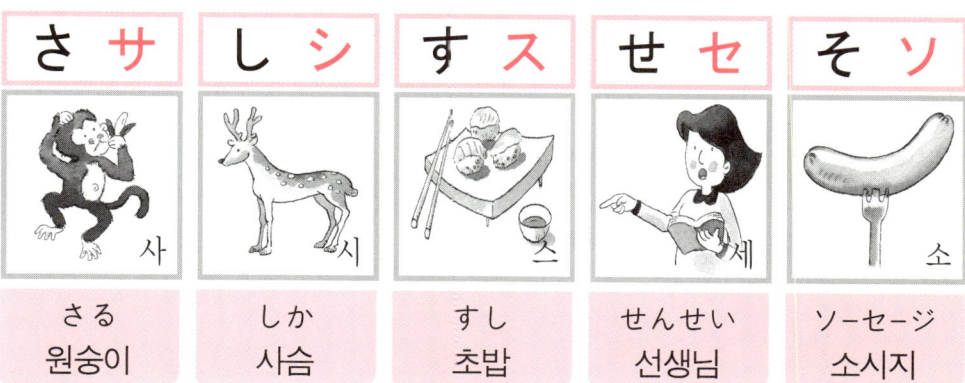

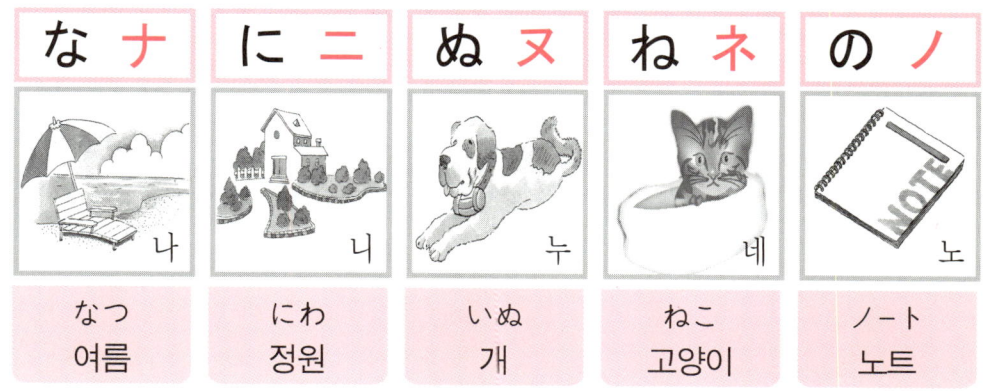

は행

は ハ

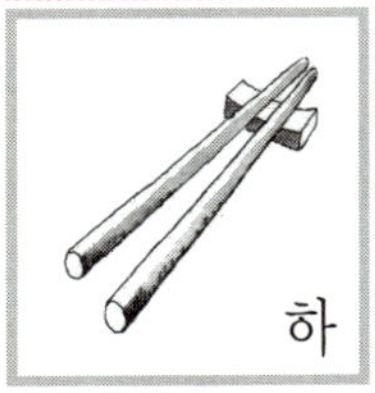

はし
젓가락

ひ ヒ

ひめ
공주

ふ フ

ふね
배

へ ヘ

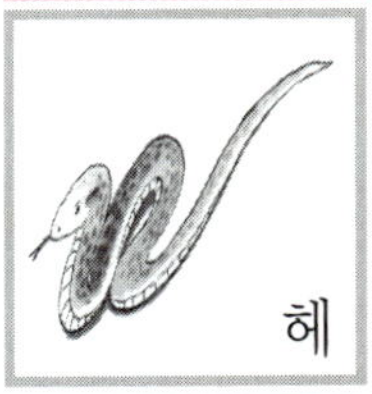

へび
뱀

ほ ホ

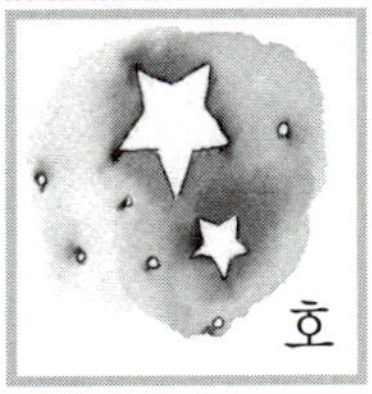

ほし
별

ま행

ま マ

まち
마을

み ミ

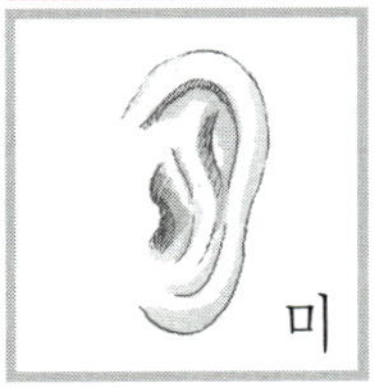

みみ
귀

む ム

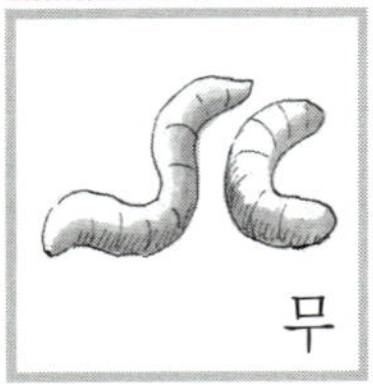

むし
벌레

め メ

めし
밥

も モ

もり
숲

や행

や ヤ

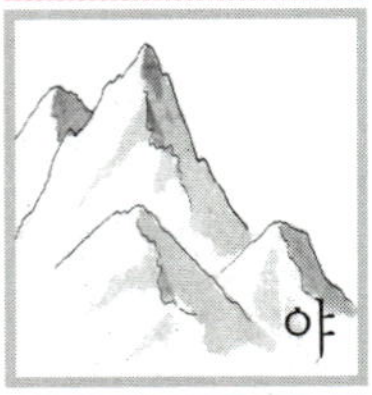

やま
산

ゆ ユ

ゆめ
꿈

よ ヨ

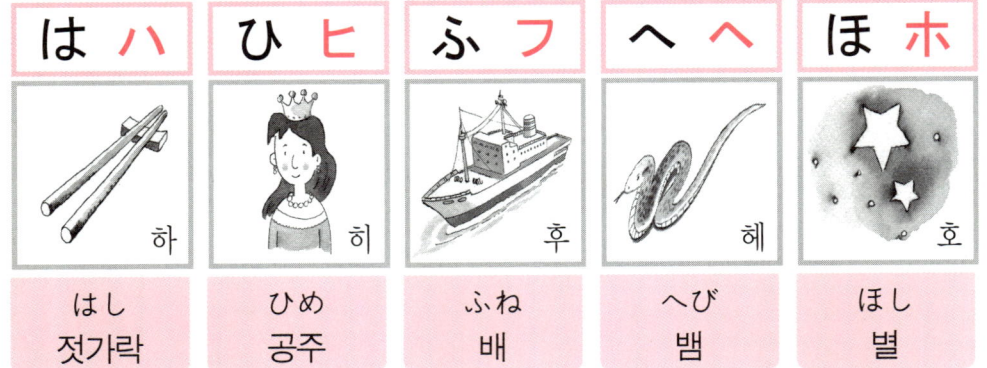

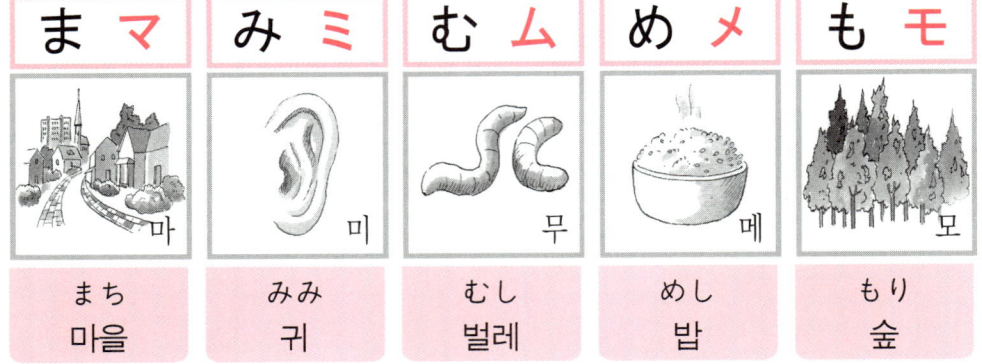

よる
밤

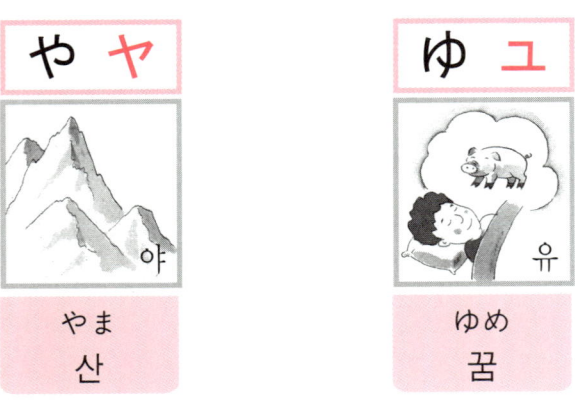

ら행

ら ラ

ラジオ
라디오

り リ

りす
다람쥐

る ル

ルビー
루비

れ レ

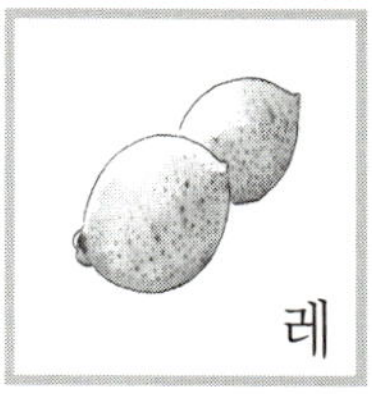

レモン
레몬

ろ ロ

ロボット
로봇

わ행

わ ワ

わに
악어

を ヲ

水を飲む
물을 마시다

ん ン

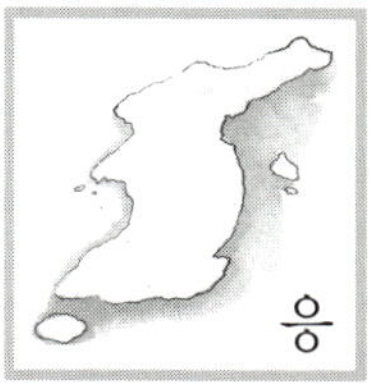

かんこく
한국

2 탁음

탁음은 「か、さ、た、は」행 오른쪽 위에 「 ゛ 」를 붙여 나타낸다.

が행

が ガ	ぎ ギ	ぐ グ	げ ゲ	ご ゴ
 가	 기	 구	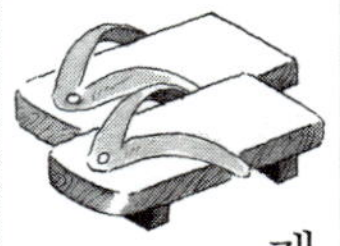 게	 고
かがみ 거울	みぎ 오른쪽	ながぐつ 장화	げた 일본 나막신	たまご 달걀

ざ행

ざ ザ	じ ジ	ず ズ	ぜ ゼ	ぞ ゾ
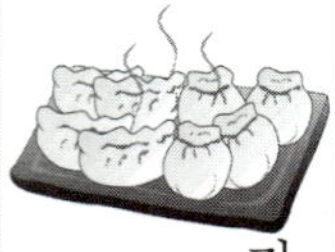 자	 지	 즈	 제	 조
ぎょうざ 만두	かじ 화재	すずめ 참새	かぜ 바람	かぞく 가족

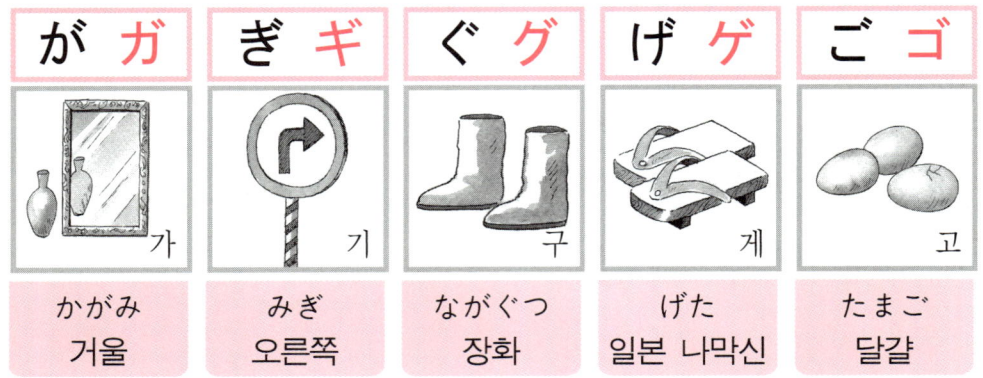

だ행

だ ダ

だいがく
대학

ぢ ヂ

はなぢ
코피

づ ヅ

かんづめ
통조림

で デ

でんき
전기

ど ド

まど
창문

ば행

ば バ

ばら
장미

び ビ

ビデオ
비디오

ぶ ブ

ぶどう
포도

べ ベ

べんとう
도시락

ぼ ボ

ぼうし
모자

3 반탁음

반탁음은 「は」행 오른쪽 위에 「 ° 」를 붙인다.

ぱ행

ぱ パ	ぴ ピ	ぷ プ	ぺ ペ	ぽ ポ

パリ 파리	ピアノ 피아노	プレゼント 선물	ペキン 북경	さんぽ 산책

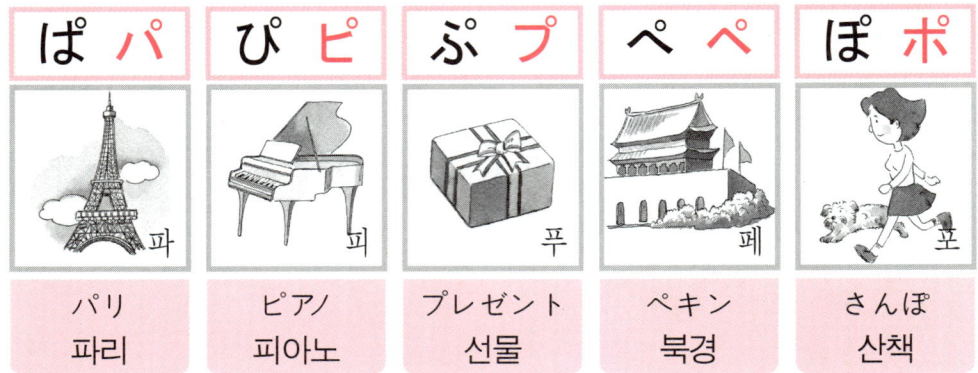

2 Chapter

문자와 발음2

- 요음
- 촉음
- 발음
- 장음

1 요음

요음은 「い단음」 즉, 「き、ぎ、し、じ、ち、に、ひ、び、ぴ、み、り」에 「や、ゆ、よ」를 작게 써서 앞 글자와 함께 한 음절로 발음하는 글자이다.

きゃ

きゃく
손님

きゅ

きゅうり
오이

きょ

きょり
거리

ぎゃ

ぎゃく
거꾸로

ぎゅ

ぎゅうにく
쇠고기

ぎょ

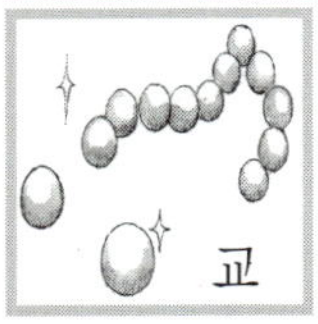

ぎょく
옥

しゃ

しゃしん
사진

しゅ

しゅっさん
출산

しょ

しょるい
서류

じゃ

じゃり
자갈

じゅ

じゅしょう
수상

じょ

じょせい
여성

ちゃ

おちゃ
차

ちゅ

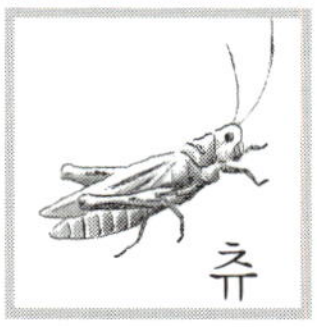

こんちゅう
곤충

ちょ

ちょきん
저금

にゃ

こんにゃく
곤약

にゅ

にゅういん
입원

にょ

にょらい
여래

ひゃ

ひゃく
백

ひゅ

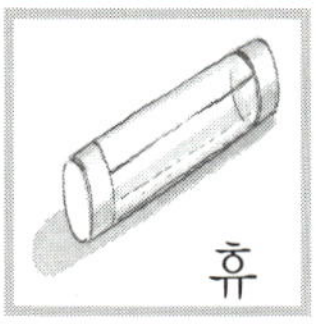

ヒューズ
퓨즈

ひょ

ひょう
표범

びゃ

さんびゃく
삼백

びゅ

ビューティ
뷰티

びょ

びょういん
병원

ぴゃ

ろっぴゃく
육백

ぴゅ

コンピュータ
컴퓨터

ぴょ

はっぴょう
발표

みゃ

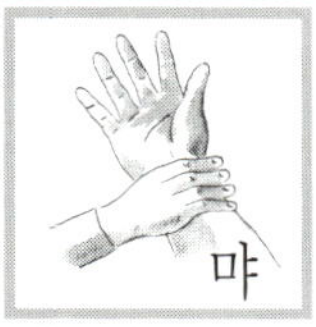

みゃく
맥

みゅ

ミュージカル
뮤지컬

みょ

みょうじ
성

りゃ

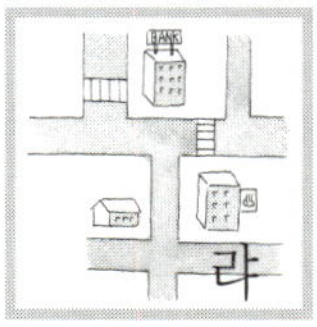

りゃくず
약도

りゅ

りゅうがく
유학

りょ

りょかん
여관

2 촉음

촉음은「つ」를 글자 뒤에 작은 크기로 써서 우리말 받침처럼 소리 내며, 한 박자로 발음한다.

1 か행 앞에서는「ㄱ」으로 발음

- いっきに (익ー끼니) 원샷, 단숨에
- さっか (삭ー까) 작가

2 さ행 앞에서는「ㅅ」으로 발음

- けっせき (켓ー세끼) 결석
- あっさり (앗ー사리) 깨끗이

3 た행 앞에서는「ㄷ」으로 발음

- きって (킫ー떼) 우표
- あさって (아삳ー떼) 모레

4 ぱ행 앞에서는「ㅂ」으로 발음

- いっぱい (입ー빠이) 한 잔, 가득
- きっぷ (킵ー뿌) 표(티켓)

3 발음 「ん」

「ん」은 단독으로는 음을 내지 못한다. 「ん」은 ㅁ, ㄴ, ㅇ 등으로 발음되며 한 박자로 발음한다. 「ん」 다음에 오는 음을 편하게 할 수 있는 발음으로 하는 것이 가장 좋다.

1 ん뒤에 ま · ば · ぱ행이 올 때–「ㅁ」으로 발음

- さんま (삼一마) 꽁치
- しんぶん (심一붕一) 신문
- さんぽ (삼一포) 산책

2 ん뒤에 さ · ざ · た · だ · な · ら행이 올 때–「ㄴ」으로 발음

- しんせつ (신一세쯔) 친절
- ぎんざ (긴一자) 긴자
- はんたい (한一따이) 반대
- げんだい (겐一다이) 현대
- おんな (온一나) 여자
- しんらい (신一라이) 신뢰

3 ん뒤에 あ · か · が · や · わ행이 올 때와 ん으로 끝날 때-「ㅇ」으로 발음

- まんいん (망ー잉ー) 만원
- かんこく (캉ー꼬꾸) 한국
- おんがく (옹ー가꾸) 음악
- ほんや (홍ー야) 서점
- でんわ (뎅ー와) 전화
- ほん (홍ー) 책

4 장음

같은 모음이 이어서 오는 것을 장음이라고 하며, 두 박자로 길게 발음한다. 카타카나의 장음은 「ー」로 표시한다.

1 「あ」단 + あ가 올 때

- おかあさん (오까ー상ー) 어머니
- おばあさん (오바ー상ー) 할머니

2 「い」단 + い가 올 때

- おじいさん (오지ー상ー) 할아버지
- ちいさい (치ー사이) 작다

3 「う」단 + う가 올 때

- ゆうき (유ー끼) 용기
- ふうふ (후ー후) 부부

4 「え」단 + え·い가 올 때

- おねえさん (오네ー상) 언니, 누나
- えいが (에ー가) 영화

5 「お」단 + お ·う가 올 때

- こおり (코ー리) 얼음
- おとうさん (오또ー상ー) 아버지

3 C.h.a.p.t.e.r

わたしの あねです。
와 따 시 노 가 네 데 스

- 자기소개
- 명사 + 입니다(까)
- 명사 + 였습니다(까)

1 대명사

1인칭	2인칭	3인칭	부정칭
나 私(わたし)	당신 あなた	그 かれ 그녀 かのじょ	누구 だれ

지시대명사

	사 물	장 소	방 향	명사에 연결될 때
이 こ	이것 これ	여기 ここ	이쪽 こちら	이 この
그 そ	그것 それ	거기 そこ	그쪽 そちら	그 その
저 あ	저것 あれ	저기 あそこ	저쪽 あちら	저 あの
어느 ど	어느 것 どれ	어디 どこ	어느 쪽 どちら	어느 どの

2 필수 인사말

- 아침인사　おはようございます。
- 점심인사　こんにちは。
- 저녁인사　こんばんは。
- 감사합니다.　ありがとうございます。
- 죄송합니다.　すみません。
- 수고하셨습니다.　おつかれさまでした。
- 잘 먹겠습니다.　いただきます。
- 잘 먹었습니다.　ごちそうさまでした。

3 ~은(는) 명사 + ~입니다(까)

문형연습

~は 명사 + です(か)

명사를 "~입니다"로 할 때는 명사에 ~です를 붙이며, 의문형으로 할 때는 ~ですか를 붙인다. ~は는 "~은・는"에 해당되는 조사이며, 조사로 쓰일 때는 발음이 は(하)가 아닌 わ(와)로 발음된다.

나는 학생 学生(がくせい)입니다.

➔ 私(わたし)は ______________________________。

이쪽은 야마모또 씨 山本(やまもと)さん입니다.

➔ こちらは ______________________________。

그녀는 회사원 会社員(かいしゃいん)입니까?

➔彼女(かのじょ)は ______________________________。

4 ~은(는) 명사 + ~가 아닙니다(까) 문형연습

~は 명사 + じゃ(=では)ありません(か)

명사를 부정할 때는 じゃ(=では)ありません을 붙이며, 의문형으로 할 때는 끝에 か를 붙인다.

나는 영어 선생 英語(えいご)の 先生(せんせい)이 아닙니다.

→ 私(わたし)は ________________________。

이곳은 나의 회사 会社(かいしゃ)가 아닙니다.

→ここは　私(わたし)の ________________________。

이것은 당신 핸드폰(ケータイ) 아닙니까?

→ これは あなたの ________________________。

5 ~은(는) 명사 + ~였습니다(까)

문형연습

~は 명사 + でした(か)

명사를 과거정중체를 할 때는 명사에 ~でした를 붙이며, 의문형으로 할 때는 ~でしたか를 붙이면 된다.

작년에는 학생 学生(がくせい)이었습니다.

➔ 去年(きょねん)は ＿＿＿＿＿＿＿＿＿＿＿＿＿＿＿。

이곳은 학교 学校(がっこう)였습니다.

➔ここは ＿＿＿＿＿＿＿＿＿＿＿＿＿＿＿＿＿＿＿。

일본어 수업은 어제 昨日(きのう)였습니까?

➔ 日本語(にほんご)の 授業(じゅぎょう)は ＿＿＿＿＿＿＿＿＿＿。

6 ~은(는) 명사 + 가 아니었습니다(까) 문형연습

~は 명사 + じゃ ありませんでした(か)

명사를 ~(이)가 아니었습니다(까)로 할 때는 ~じゃ ありませんでした(か)를 붙인다.

이곳은 빵집 パン屋(や)이 아니었습니다.

➔ ここは ________________________________。

그는 군인 軍人(ぐんじん)이 아니었습니다.

➔ 彼(かれ)は ________________________________。

어제는 수업 授業(じゅぎょう) 아니었습니까?

➔ 昨日(きのう)は ________________________________。

7 ~이고

~で

명사를 끊어주거나 두 문장을 이어주며, 명사에 직접 연결된다.

이것은 나의 가방 かばん이고, 그것은 김 씨의 지갑 さいふ입니다.

→ これは 私(わたし)の ______________、それは 金さんの ______________です。

이곳은 은행 銀行(ぎんこう)이고, 저곳은 백화점 デパート입니다.

→ ここは ______________________、あそこは ______________________です。

나는 학생 学生(がくせい)이고, 그는 회사원 会社員(かいしゃいん)입니다.

→わたしは ______________________、彼(かれ)は______________________。

8 ~의

~の

기본적으로 명사와 명사 사이에는 항상 들어가는 조사 「の」는 소유 등을 나타낸다.

이것은 일본어 책입니다.

これは 日本語(にほんご)の 本(ほん)です。

김 씨의 가방입니다.

金(きん)さんの かばんです。

당신의 핸드폰입니까?

あなたの ケータイですか。

わたしの あねです。

본문

(미라가 야마모또에게 언니를 소개한다)

ミラ : やまもとさん、こちらは わたしの あねです。
야마모또 상- 코찌라와 와따시노 아네데스

きょねんは がくせいでしたが、
교 넹-와 각-세- 데시따가

いまは かいしゃいんです。
이마와 카이 샤 잉- 데스

ミウン : はじめまして ミウンです。
하지메마시 떼 미 은 데스

どうぞ よろしく おねがいします。
도- 죠 요로시 꾸 오네가이시마스

山本(やまもと) : はじめまして。やまもとです。
하지메마시 떼 야마모또데스

こちらこそ どうぞ よろしく。
코찌라꼬소 도- 죠 요로시꾸

본문해석

미라 : 야마모또 씨, 이쪽은 저의 언니입니다.
작년은 학생이었지만,
지금은 회사원입니다.

미은 : 처음 뵙겠습니다. 미은입니다.
잘 부탁드립니다.

야마모또: 처음 뵙겠습니다. 야마모또입니다.
저야말로 잘 부탁합니다.

단어

- あね (나의)언니, 누나
- 学生(がくせい) 학생
- 会社員(かいしゃいん) 회사원
- どうぞ 부디
- おねがいします 부탁합니다.
- 去年(きょねん) 작년
- 今(いま) 지금
- はじめまして 처음 뵙겠습니다.
- よろしく 잘
- こちらこそ 저야말로

독해연습

해석해 보세요.

私(わたし)の 家族(かぞく)です。父(ちち)は 公務員(こうむいん)です。

母(はは)は 専業主婦(せんぎょうしゅふ)です。兄(あに)は 軍人(ぐんじん)です。

姉(あね)は 会社員(かいしゃいん)です。妹(いもうと)は 高校生(こうこうせい)です。

私は 大学生(だいがくせい)です。専攻(せんこう)は 経済学(けいざいがく)です。

독해단어

- 家族(かぞく) 가족
- 公務員(こうむいん) 공무원
- 専業主婦(せんぎょうしゅふ) 전업주부
- 軍人(ぐんじん) 군인
- 会社員(かいしゃいん) 회사원
- 高校生(こうこうせい) 고교생
- 専攻(せんこう) 전공
- 父(ちち) 우리 아버지
- 母(はは) 우리 엄마
- 兄(あに) 우리 오빠, 형
- 姉(あね) 우리 누나, 언니
- 妹(いもうと) 여동생
- 大学生(だいがくせい) 대학생
- 経済学(けいざいがく) 경제학

필수단어

다음 단어를 읽고 일본어는 한국어로, 한국어는 일본어로 쓰세요.

1. わたし
2. かいしゃいん
3. あね
4. こちら
5. 학생
6. 지금
7. 처음 뵙겠습니다.
8. 잘 부탁합니다.

오문정정

다음 일본어 문장을 읽고 잘못된 부분을 골라 보세요.

1. 이것은 내 가방이 아닙니다.

   これ(❶)は わたしの(❷) かばんが(❸) ありません。

2. 이 가방은 타나까 씨의 가방입니다.

   これ(❶) の(❷) かばんは たなかさんの(❸) かばんです。

3. 제 여동생은 학생입니다.

   わたしの いもうと(❶)は がっせい(❷) です(❸)。

4. 저의 어머님은 일본어 선생님입니다.

   わたしの おかあさん(❶)は にほんご(❷)の せんせい(❸)です。

2 WEEK

마무리 1

다음 문장을 일본어로 말해 보세요.

1. 나는 학생입니다.

2. 이쪽은 야마모또 씨입니다.

3. 나는 영어 선생이 아닙니다.

4. 이것은 당신 핸드폰 아닙니까?

5. 작년에는 학생이었습니다.

6. 일본어 수업은 어제였습니까?

7. 이곳은 빵집이 아니었습니다.

8. 어제는 수업 아니었습니까?

9. 이것은 나의 가방이고, 그것은 김 씨의 지갑입니다.

10. 이쪽은 키무라 씨이고, 저쪽은 스즈끼 씨입니다.

11. 김 씨의 가방입니다.

12. 당신의 핸드폰입니까?

마무리 2

다음 문장을 크게 읽고 한국어로 말해 보세요.

1. 私(わたし)は 学生(がくせい)です。

2. こちらは 山本(やまもと)さんです。

3. 私(わたし)は 英語(えいご)の 先生(せんせい)じゃ(=では) ありません。

4. これは あなたの ケータイじゃ(=では) ありませんか。

5. 去年(きょねん)は 学生(がくせい)でした。

6. 日本語(にほんご)の 授業(じゅぎょう)は 昨日(きのう)でしたか。

7. ここは パン屋(や)じゃ(=では) ありませんでした。

8. 昨日(きのう)は 授業(じゅぎょう)じゃ(=では) ありませんでしたか。

9. これは 私(わたし)の かばんで、 それは 金さんの 財布(さいふ)です。

10. こちらは 木村(きむら)さんで、あちらは 鈴木(すずき)さんです。

11. 金さんの かばんです。

12. あなたの ケータイですか。

4 C.h.a.p.t.e.r

キムチは辛（から）いです。

- い형용사
- い형용사의 정중체
- い형용사 부정형
- い형용사 명사연결

1 い형용사 + ~ㅂ니다

문형연습

い형용사 기본형 + です

모든 い형용사는 기본형이 い로 끝나며, い가 어미이다.

い형용사를 정중하게 할 때는 기본형에 です를 붙인다.

い형용사 + 입니다	덥다 あつい → あついです 덥습니다. 싸다 やすい → やすいです 쌉니다. 가깝다 ちかい → ちかいです 가깝습니다.

김치는 맵습니다 辛(から)い.

➔ キムチは ________________ です。

일본어는 쉽습니다 易(やさ)しい.

➔ 日本語(にほんご)は ________________ です。

한국의 겨울은 춥습니다 寒(さむ)い.

➔ 韓国(かんこく)の 冬(ふゆ)は ________________ です。

2 い형용사 + ~지 않습니다

문형연습

い형용사 어간 +く ないです =く ありません

い형용사를 ~지 않습니다라는 표현으로 할 때는 어미 い를 떼고 ~く ないです 또는 ~く ありません을 붙인다.

い형용사 + ~지 않습니다	덥다 あつい → あつく ないです 덥지 않습니다. 싸다 やすい → やすく ありません 싸지 않습니다. 가깝다 ちかい → ちかく ありません 가깝지 않습니다.

일본 요리는 맵지 辛(から)い 않습니다.

➔ 日本(にほん)の 料理(りょうり)は ______________。

이 차는 빠르지 速(はや)い 않군요.

➔ この 車(くるま)は ______________。

제 방은 넓지 広(ひろ)い 않습니다 .

➔ 私(わたし)の 部屋(へや)は ______________。

3 ~인 + 명사

い형용사 기본형 + 명사

い형용사에 명사를 연결할 때는 기본형에 직접 명사를 붙인다.

い형용사 + 명사	덥다 あつい → あつい 日(ひ) 더운 날 싸다 やすい → やすい かばん 싼 가방 가깝다 ちかい → ちかい ところ 가까운 곳

그녀의 가방은 비싼 高(たか)い 가방 かばん입니다.

➔ 彼女(かのじょ)の かばんは ______________________。

맛있는 おいしい 우유 牛乳(ぎゅうにゅう)는 비쌉니다.

➔ ______________________は 高(たか)いです。

따뜻한 暖(あたた)かい 빵 パン은 맛있습니다.

➔ ______________________は おいしいです。

4 무척· 매우

문형연습

とても

2 WEEK

한국의 김치는 매우 맛있습니다.

韓国(かんこく)の キムチは とても おいしいです。

田中(たなか) 씨의 방은 무척 넓습니다.

田中(たなか)さんの 部屋(へや)は とても 広(ひろ)いです。

저 영화는 무척 재미있습니다.

あの 映画(えいが)は とても おもしろいです。

キムチは 辛(から)いです。

본문

(식당에서)

山本(やまもと)：　この 店(みせ)は とても 広(ひろ)いですね。客(きゃく)も 多(おお)いですね。

ミラ：　ええ、料理(りょうり)が おいしいです。

山本(やまもと)：　そうですか。これが キムチですね。

辛(から)いですが とても おいしいです。

それは 何(なん)ですか。

ミラ：　これですか。これも キムチですよ。

山本(やまもと)：　え? その キムチは 赤(あか)く ないですね。

ミラ：　はい、これは 辛(から)く ないです。

この キムチも おいしいですよ。

본문해석

(식당에서)

야마모또 : 이 가게는 무척 넓네요. 손님도 많네요.

미라 : 예, 요리가 맛있습니다.

야마모또 : 그렇습니까? 이것이 김치로군요.
맵지만, 무척 맛있네요.
그것은 무엇입니까?

미라 : 이것 말입니까? 이것도 김치입니다.

야마모또 : 에? 그 김치는 빨갛지 않네요.

미라 : 예, 이것은 맵지 않아요.
이 김치도 맛있습니다.

단어

- 店(みせ) 가게
- 広(ひろ)い 넓다
- 多(おお)い 많다
- 料理(りょうり) 요리
- 辛(から)い 맵다
- とても 매우, 무척
- 客(きゃく) 손님
- キムチ 김치
- おいしい 맛있다
- 赤(あか)い 빨갛다

회화연습

1. 人(ひと)・多(おお)い
   사람이 많습니다.

   ➔ ______________________________。

2. 映画(えいが)・おもしろい
   영화는 재밌습니다.

   ➔ ______________________________。

3. 頭(あたま)・痛(いた)い
   머리는 아픕니다.

   ➔ ______________________________。

4. 部屋(へや)・広(ひろ)い
   방은 넓지 않습니다.

   ➔ ______________________________。

독해연습

해석해 봅시다.

山田(やまだ)さんへ。こんにちは。

東京(とうきょう)は 寒(さむ)くありませんか。ソウルは とても 寒(さむ)いです。

この頃(ごろ)も 忙(いそが)しいですか。私(わたし)は 冬休(ふゆやす)みですから

忙(いそが)しくありません。韓国語(かんこくご)の 勉強(べんきょう)は どうですか。

おもしろいですか。外国語(がいこくご)の 勉強(べんきょう)は 易(やさ)しく ありませんね。

でも、面白(おもしろ)いですよ。じゃ、山田(やまだ)さん！ おやすみなさい。金より。

독해단어

- 東京(とうきょう) 동경
- 寒(さむ)い 춥다
- 忙(いそが)しい 바쁘다
- 勉強(べんきょう) 공부
- 易(やさ)しい 쉽다
- 難(むずか)しい 어렵다
- 面白(おもしろ)い 재미있다
- おやすみなさい 안녕히 주무세요
- より ~로부터

필수단어

다음 단어를 읽고 일본어는 한국어로, 한국어는 일본어로 쓰세요.

1. からい
2. おいしい
3. みせ
4. おおい
5. 무척
6. 요리
7. 빨갛다
8. 넓다

오문정정

다음 일본어 문장을 읽고 잘못된 부분을 골라 보세요.

1. 일본의 겨울은 춥지 않습니다.

   日本(にほん)の❶ 冬(ふゆ)は 寒(さむ)くの❷ ないです❸。

2. 저 영화는 재미없습니다.

   あの❶ 映画(えいが)は おもしろいく❷ ないです❸。

3. 내 가방은 크지 않습니다.

   私(わたし)の❶ かばんは 大(おお)きい❷ ありません❸。

4. 오늘은 무척 바쁩니다.

   今日(きょう)は❶ とても いそがし❷ です❸。

마무리 1

다음 문장을 일본어로 말해 보세요.

1. 김치는 맵습니다.

2. 일본어는 쉽습니다.

3. 한국의 겨울은 춥습니다.

4. 일본요리는 맵지 않습니다.

5. 이 차는 빠르지 않군요.

6. 제 방은 넓지 않습니다.

7. 그녀의 가방은 비싼 가방입니다.

8. 맛있는 우유는 비쌉니다.

9. 한국의 김치는 매우 맛있습니다.

10. 타나까 씨의 방은 매우 넓습니다.

11. 저 영화는 무척 재미있습니다.

마무리 2

다음 문장을 크게 읽고 한국어로 말해 보세요.

1. キムチは 辛(から)いです。

2. 日本語(にほんご)は 易(やさ)しいです。

3. 韓国(かんこく)の 冬(ふゆ)は 寒(さむ)いです。

4. 日本(にほん)の 料理(りょうり)は 辛(から)く ありません。

5. この 車(くるま)は 速(はや)く ありませんね。

6. 私(わたし)の 部屋(へや)は 広(ひろ)くありません。

7. 彼女(かのじょ)の かばんは 高(たか)い かばんです。

8. おいしい 牛乳(ぎゅうにゅう)は 高(たか)いです。

9. 韓国(かんこく)の キムチは とても おいしいです。

10. 田中(たなか)さんの 部屋(へや)は とても 広(ひろ)いです。

11. あの 映画(えいが)は とても おもしろいです。

5 C.h.a.p.t.e.r

旅行(りょこう)は 楽(たの)しかったです。

- い형용사 과거형
- い형용사 + ~하고 / ~해서

1 い형용사 + ~ㅆ습니다(과거) 문형연습

い형용사 어간 + かったです

い형용사의 과거형은 어미 「い」를 떼고 「~かったです」를 연결한다.

い형용사 + ~ㅆ습니다	따뜻하다	あたたかい	→	あたたかかったです	따뜻했습니다
	춥다	さむい	→	さむかったです	추웠습니다
	선선하다	すずしい	→	すずしかったです	선선했습니다
	덥다	あつい	→	あつかったです	더웠습니다

☞ い형용사에 でした는 절대 연결되지 않는다.

☞ "좋았습니다"는 いかったです가 아니라 よかったです이다.

작년에는 사과가 비쌌습니다 高(たか)い.

➔ 去年(きょねん)は りんごが ＿＿＿＿＿＿＿＿＿＿。

라면은 정말 맛있었습니다 おいしい.

➔ ラーメンは ほんとうに ＿＿＿＿＿＿＿＿＿＿。

어제는 무척 바빴습니다 忙(いそが)しい.

➔ 昨日(きのう)は とても ＿＿＿＿＿＿＿＿＿＿。

2 い형용사 + ~하고, ~해서

문형연습

い형용사어간 + くて

い형용사 어미 「い」를 떼고 「~くて」를 붙이면 "~하고 /~해서"의 의미가 된다.

い형용사 + 하고, 해서	따뜻하다	あたたかい	→	あたたかくて	따뜻하고
	선선하다	すずしい	→	すずしくて	선선하고
	덥다	あつい	→	あつくて	덥고

이 방은 넓고 広(ひろ)い 밝습니다.

→ この 部屋(へや)は ＿＿＿＿＿＿ 明(あか)るいです。

한국의 김치는 맛있고 おいしい 맵습니다.

→ 韓国(かんこく)の キムチは ＿＿＿＿＿＿ 辛(から)いです。

신간센은 빠르고 速(はや)い 비쌉니다.

→ 新幹線(しんかんせん)は ＿＿＿＿＿＿ 高(たか)いです。

3 WEEK

3 ~도

~も

같은 것을 열거하거나 제시할 때 쓴다.

일본어도 어렵습니다.

日本語(にほんご)も 難(むずか)しいです。

이것도 김 씨의 가방입니까?

これも 金(きん)さんの かばんですか。

おしょうがつ (正月)

새해 첫날에 장식하는 것 중의 하나로, 맨 위에 있는 부채는 "끝이 넓게 퍼지기" 때문에 개운(開運)을 의미하며, 그 색깔은 새해의 첫 일출을 나타내며 나쁜 액(厄)을 물리친다고 한다. 그 아래의 귤은, 열매가 나무에서 쉽게 떨어지지 않고 크게 커지는 것을 나타내어 대대로 집안이 번성(繁成)하기를 기원한다. 그 아래 미즈히키(みずひき)로 단든 학은 첫 일출을 향해 날아가는 것으로 비약(飛躍)을 의미한다. 또는 크기가 큰 모치에는 커다란 새우가 붙어있는데, 수염이 길게 나고 허리가 꼬부라질 때까지 장수(長寿)를 기원한다. 맨 아래의 빨갛고 흰 종이는 이 카가미모치(かがみもち)가 공양(供養)으로 바쳐진 것이므로 이 부근이 성역(聖域)임을 나타낸다.

旅行(りょこう)は 楽(たの)しかったです。 본문

ミラ： 旅行(りょこう)は 楽(たの)しかったですか。

山本(やまもと)： ええ、よかったですよ。

ミラ： 暑(あつ)く ありませんでしたか。

山本(やまもと)： ちょっと 暑(あつ)かったんですが、いい 天気(てんき)でした。
景色(けしき)も すばらしかったです。

ミラ： 人(ひと)は 多(おお)く ありませんでしたか。

山本(やまもと)： ええ、 大学生(だいがくせい)が とても 多(おお)かったです。

ミラ： そこは 学生(がくせい)たちが よく コンパを する 場所(ばしょ)ですよ。
ソウルから 近(ちか)くて、交通費(こうつうひ)も 安(やす)いですから。

山本(やまもと)： そうなんですか。

본문해석

미라 : 여행은 즐거웠습니까?

야마모또 : 예, 좋았습니다.

미라 : 덥지 않았습니까?

야마모또 : 좀 더웠습니다만, 좋은 날씨였습니다.
경치도 멋있었습니다.

미라 : 사람들은 많지 않았습니까?

야마모또 : 예, 대학생이 매우 많았어요.

미라 : 그곳은 학생들이 자주 모임을 갖는 장소입니다.
서울에서 가깝고, 교통비도 싸니까요.

야마모또 : 그렇습니까.

단어

- 旅行(りょこう) 여행
- 暑(あつ)い 덥다
- 天気(てんき) 날씨
- すばらしい 멋지다
- 多(おお)い 많다
- 場所(ばしょ) 장소
- 交通費(こうつうひ) 교통비
- 楽(たの)しい 즐겁다
- いい 좋다
- 景色(けしき) 경치
- 大学生(だいがくせい)
- コンパ 모임
- 近(ちか)い 가깝다
- 安(やす)い 싸다

회화연습

1. 昨日(きのう)・デパート・人(ひと)・多(おお)い
어제는 백화점에 사람들이 많았습니다.

➔ ____________________________。

2. 昼(ひる)ごはん・本当(ほんとう)に・おいしい
점심식사는 정말 맛있었습니다.

➔ ____________________________。

3. 先週(せんしゅう)・とても・忙(いそが)しい
지난주에는 무척 바빴습니다.

➔ ____________________________。

4. 夏(なつ)・とても・長(なが)い・暑(あつ)い
일본의 여름은 무척 길고 덥습니다.

➔ ____________________________。

독해연습

해석해 봅시다.

6月 17日 晴(は)れ。

今日(きょう)は とても 楽(たの)しかったです。合(ごう)コンの 日(ひ)でした。

相手(あいて)の 女(おんな)の人(ひと)は 背(せ)は 低(ひく)かったですが、

かわいかったです。彼女(かのじょ)は 髪(かみ)が 長(なが)くて 目(め)が

大(おお)きくて、明(あか)るい 人(ひと)でした。

독해단어

- 晴(は)れ 맑음
- とても 무척, 매우
- 楽(たの)しい 즐겁다
- 合(ごう)コン 미팅
- 相手(あいて) 상대방
- 女(おんな) 여자
- 背(せ) 키
- 低(ひく)い (키)작다
- かわいい 귀엽다
- 髪(かみ) 머리카락
- 長(なが)い 길다
- 目(め) 눈
- 大(おお)きい 크다
- 明(あか)るい 밝다

3 WEEK

필수단어

다음 단어를 읽고 일본어는 한국어로 한국어는 일본어로 쓰세요.

1. たのしい
2. あつい
3. いい
4. すばらしい
5. 장소
6. 경치
7. 여행
8. 많다

오문정정

다음 문장을 읽고 잘못된 부분을 골라 보세요.

1. 작년 여름은 무척 더웠습니다.

   去年(きょねん)の❶ 夏(なつ)は❷ とても 暑(あつ)いでした❸。

2. 어렸을 때는 나도 귀여웠습니다.

   子供(こども)の 時(とき)は❶ 私(わたし)も かわいかった❷ でした❸。

3. 오늘은 바람도 세고 춥습니다.

   今日(きょう)は 風(かぜ)も❶ つよいくて❷ 寒(さむ)いです❸。

4. 한자 시험은 어렵습니다.

   漢字(かんじ)の❶ テストは むずかしく❷ です❸。

마무리 1

다음 문장을 일본어로 말해보세요.

1. 작년에는 사과가 비쌌습니다.

2. 라면은 정말 맛있었습니다.

3. 어제는 무척 바빴습니다.

4. 이 방은 넓고 밝습니다.

5. 한국의 김치는 맛있고 맵습니다.

6. 신간센은 빠르고 비쌉니다.

7. 일본어도 어렵습니다.

8. 이것도 김 씨의 가방입니까?

마무리 2

다음 문장을 크게 읽고 한국어로 말해 보세요.

1. 去年(きょねん)は りんごが 高(たか)かったです。

2. ラーメンは ほんとうに おいしかったです。

3. 昨日(きのう)は とても 忙(いそが)しかったです。

4. この 部屋(へや)は 広(ひろ)くて 明(あか)るいです。

5. 韓国(かんこく)の キムチは おいしくて 辛(から)いです。

6. 新幹線(しんかんせん)は 速(はや)くて 高(たか)いです。

7. 日本語(にほんご)も 難(むずか)しいです。

8. これも 金さんの かばんですか。

6 C.h.a.p.t.e.r

便(べん)利(り)で 安(やす)いです。

- な형용사
- な형용사(정중체, 부정형, 과거형)
- な형용사+ ~하고, ~해서, 명사연결

1 な형용사 + (합)니다

문형연습

な형용사 어간 + です

な형용사의 기본형은 だ로 끝나며 어미는 だ이다. ~합니다는 だ를 떼어버린 어간에 です를 연결한다.

な형용사 + 입니다	유명하다	有名(ゆうめい)だ	→	유명합니다.	ゆうめいです
	번화합니다	賑(にぎ)やかだ	→	번화합니다.	にぎやかです
	싫어하다	嫌(きら)いだ	→	싫어합니다.	きらいです
	건강하다	元気(げんき)だ	→	건강합니다.	げんきです

마사꼬는 정말 예쁘네요 きれいだ.

➔ まさこは ほんとうに ______________。

일본어 문법은 간단합니다 簡単(かんたん)だ.

➔ 日本語(にほんご)の 文法(ぶんぽう)は ______________。

2 な형용사 + ~(하)였습니다

문형연습

な형용사 어간 + でした

な형용사의 과거형은 어미 だ를 떼고 ~でした 를 연결한다.

な형용사 + (였)습니다	유명하다 有名(ゆうめい)だ	→	유명했습니다.	ゆうめいでした
	번화합니다 賑(にぎ)やかだ	→	번화했습니다.	にぎやかでした
	싫어하다 嫌(きら)いだ	→	싫어했습니다.	きらいでした
	건강하다 元気(げんき)だ	→	건강했습니다.	げんきでした

전에는 이곳의 교통은 불편했습니다 不便(ふべん)だ.

➔ 前(まえ)は　ここの　交通(こうつう)は ____________________。

학생시절에는 정말 행복했습니다 幸(しあわ)せだ.

➔学生(がくせい)時代(じだい)は ほんとうに____________________。

3 な형용사 + ~(하)지 않습니다

문형연습

な형용사 어간 + ~じゃ(=では) ありません(=ないです)

な형용사 어간에 では ありません이나 じゃ ないです를 붙이면 "~하지 않습니다"라는 부정의 의미가 된다.

な형용사 + (하)지 않습니다	좋아하다	好(す)きだ	→	좋아하지 않습니다. すきでは ありません
	한가하다	暇(ひま)だ	→	한가하지 않습니다. ひまでは ありません
	친절하다	親切(しんせつ)だ	→	친절하지 않습니다. しんせつでは ありません
	편리하다	便利(べんり)だ	→	편리하지 않습니다. べんりでは ありません

저 가게는 깨끗하지 きれいだ 않습니다.

➔ あの 店(みせ)は ______________________________。

그는 성실하지 まじめだ 않습니다.

➔ 彼(かれ)は ______________________________。

4 な형용사 + ~(하)지 않았습니다 문형연습

な형용사 어간 + ~じゃ(=では) ありませんでした

な형용사 어간에 ~じゃ(=では)ありませんでした를 붙이면, "~하지 않았습니다."라는 과거부정의 의미가 된다.

な형용사 + (하)지 않았습니다	좋아하다	好(す)きだ →	좋아하지 않았습니다.	すきでは ありませんでした
	한가하다	暇(ひま)だ →	한가하지 않았습니다.	ひまでは ありませんでした
	친절하다	親切(しんせつ)だ →	친절하지 않았습니다.	しんせつでは ありませんでした
	편리하다	便利(べんり)だ →	편리하지 않았습니다.	べんりでは ありませんでした

저 여자 탤런트는 예쁘지 않았습니다. きれいだ.

→ あの 女(おんな)の タレントは ______________________。

학생 때는 성실하지 않았습니다 まじめだ.

→ 学生(がくせい)時代(じだい)は ______________________。

3 WEEK

5 な형용사 + ~한(명사연결)

문형연습

な형용사 어간 + な + 명사

な형용사 뒤에 명사가 올 때는, 어미를 な로 바꾼다.

な형용사 + 한(명사)	유명하다 有名(ゆうめい)だ	→ 유명한 상점(みせ)	ゆうめいな みせ
	불편하다 不便(ふべん)だ	→ 불편한 교통(こうつう)	ふべんな こうつう
	조용하다 静(しず)かだ	→ 조용한 식당(しょくどう)	しずかな しょくどう
	싫어하다 嫌(きら)いだ	→ 싫어하는 음식(たべもの)	きらいな たべもの

지금이 가장 행복한 幸(しあわ)せだ 때입니다.

➔ 今(いま)が 一番(いちばん) ______________________時(とき)です。

그는 건강한 元気(げんき)だ 사람입니다.

➔ 彼(かれ)は ______________________人(ひと)です。

이곳은 안전한 安全(あんぜん)だ 곳입니다.

➔ ここは ______________________所(ところ)です。

6 な형용사 + ~하고, ~해서

문형연습

な형용사 어간 + で

な형용사 어미 「だ」를 떼고 「~で」를 붙이면 "~하고 · ~해서"라는 뜻이 된다.

な형용사 + ~하고	좋아하다	すきだ	→	すきで	좋아하고
	친절하다	しんせつだ	→	しんせつで	친절하고
	한가하다	ひまだ	→	ひまで	한가하고

저 가수는 잘생기고 ハンサムだ 노래도 잘합니다 上手(じょうず)だ.

→ あの 歌手(かしゅ)は ______________ 歌(うた)も ______________。

이 레스토랑은 깨끗하고 きれいだ 교통도 편리합니다 便利(べんり)だ.

→ この レストランは ______________ 交通(こうつう)も ______________。

이곳의 점원은 친절하고 親切(しんせつ)だ 성실합니다 まじめだ.

→ ここの 店員(てんいん)は ______________ ______________。

7 ~를 좋아하다

문형연습

~が 好(す)きです

다음의 な형용사 앞에는 "~을・를"로 해석되지만 を가 아닌 が를 쓴다.

~が 好(す)きです	~를 좋아합니다.
~が 嫌(きら)いです	~를 싫어합니다.
~が 上手(じょうず)です	~를 잘합니다.
~が 下手(へた)です	~를 못합니다.

여동생은 일본 드라마를 좋아합니다.

妹(いもうと)は 日本(にほん)の ドラマが 好(す)きです。

당신은 고양이를 싫어합니까?

あなたは 猫(ねこ)が きらいですか。

김 씨는 일본어를 잘 합니까?

金(きん)さんは 日本語(にほんご)が 上手(じょうず)ですか。

나는 영어를 잘 못합니다.

私(わたし)は 英語(えいご)が 下手(へた)です。

8 그리고· 더욱이· 게다가

それに

이 방은 비쌉니다. 게다가 교통도 불편합니다.

この 部屋(へや)は 高(たか)いです。それに 交通(こうつう)も 不便(ふべん)です。

이 핸드폰은 큽니다. 게다가 무겁습니다.

この ケータイは 大(おお)きいです。それに 重(おも)いです。

便利(べんり)で 安(やす)いです。

본문

ミラ： この 部屋(へや)、広(ひろ)くて 明(あか)るいですね。

山本(やまもと)： そうでしょう? 交通(こうつう)も 便利(べんり)で 家賃(やちん)も 安(やす)いですよ。

ミラ： 大家(おおや)さんは どうですか。

山本(やまもと)： とても 親切(しんせつ)な 方(かた)ですよ。前(まえ)の 大家(おおや)さんは 親切(しんせつ)じゃありませんでしたが、今(いま)は だいじょうぶです。

ミラ： そうですか。それは よかったですね。

山本(やまもと)： それに ここは スーパーも 近(ちか)くて 便利(べんり)ですよ。前(まえ)の 家(いえ)は スーパーが 遠(とお)くて 不便(ふべん)でした。

ミラ： 家(いえ)の 周(まわ)りは 静(しず)かですか。

山本(やまもと)： いいえ。静(しず)かじゃありません。

본문해석

미라 : 이 방, 넓고 밝군요.

야마모또 : 그렇지요? 교통도 편리하고 방세도 쌉니다.

미라 : 집주인은 어떻습니까?

야마모또 : 무척 친절한 분입니다. 요전의 집주인은 친절하지 않았습니다만, 지금은 괜찮습니다.

미라 : 그렇습니까. 그거 잘됐군요.

야마모또 : 게다가 이곳은 슈퍼도 가까워서 편리합니다. 전의 집은 슈퍼가 멀어서 불편했습니다.

미라 : 집 주위는 조용합니까?

야마모또 : 아니요. 조용하지 않습니다.

단어

- 部屋(へや) 방
- 明(あか)るい 밝다
- 便利(べんり)だ 편리하다
- 安(やす)い 싸다
- 前(まえ) 앞, 전
- だいじょうぶだ 괜찮다
- 近(ちか)い 가깝다
- 周(まわ)り 주위
- 広(ひろ)い 넓다
- 交通(こうつう) 교통
- 家賃(やちん) 집세
- 大家(おおや)さん 집 주인
- 親切(しんせつ)だ 친절하다
- スーパー 슈퍼
- 実(じつ)は 실은
- 静(しず)かだ 조용하다

3 WEEK

회화연습

1. あの 店(みせ)は 賑(にぎ)やかですか。
   저 가게는 번화합니까?

   ➔ はい。 ______________________________。

2. あの 歌手(かしゅ)は 有名(ゆうめい)ですか。
   저 가수는 유명합니까?

   ➔ はい。 ______________________________。

3. テストは 簡単(かんたん)ですか。
   시험은 간단합니까?

   ➔ いいえ。 ______________________________。

4. 暇(ひま)ですか。
   한가합니까?

   ➔ いいえ。 ______________________________。

독해연습

해석해 봅시다.

この 町(まち)は 昔(むかし)は 木(き)も 多(おお)くて 空気(くうき)も きれいな

ところでした。人(ひと)も 少(すく)なくて 店(みせ)も 少(すく)なかったんです。

病院(びょういん)が 遠(とお)くて とても 不便(ふべん)でした。

でも、今(いま)は にぎやかで 交通(こうつう)も 便利(べんり)です。

독해단어

- 町(まち) 마을, 동네
- 昔(むかし) 옛날
- きれいだ 예쁘다, 깨끗하다
- 店(みせ) 가게, 상점
- 遠(とお)い 멀다
- 今(いま) 지금
- 交通(こうつう) 교통
- 所(ところ) 곳
- 空気(くうき) 공기
- 少(すく)ない 적다
- 病院(びょういん) 병원
- 不便(ふべん)だ 불편하다
- にぎやかだ 번화하다
- 便利(べんり)だ 편리하다

필수단어

다음 단어를 읽고 일본어는 한국어로, 한국어는 일본어로 쓰세요.

1. ひろい
2. やちん
3. やすい
4. ちかい
5. 친절하다
6. 교통
7. 집주인
8. 멀다

오문정정

다음 일본어 문장을 읽고 잘못된 부분을 골라 보세요.

1. 나는 잘생긴 가수를 좋아합니다.

   私(わたし)は ハンサムの(❶) 歌手(かしゅ)が(❷) 好(す)きです(❸)。

2. 회사에서 멀고 교통도 불편합니다.

   会社(かいしゃ)から(❶) 遠(とお)くて 交通(こうつう)も 不便(ふべん)だ(❷) です(❸)。

3. 그녀는 별로 예쁘지 않습니다.

   彼女(かのじょ)は あまり(❶) きれいく(❷) ありません(❸)。

4. 어려서는 건강하지 않았습니다.

   子供(こども)の 時(とき)は 元気(げんき)じゃ(❶) ありません(❷) です(❸)。

마무리 1

다음 문장을 일본어로 말해 보세요.

1. 마사꼬는 정말 예쁘네요.

2. 전에는 이곳의 교통은 불편했습니다.

3. 저 가게는 깨끗하지 않습니다.

4. 저 여자 탤런트는 예쁘지 않았습니다.

5. 지금이 가장 행복한 때입니다.

6. 저 가수는 잘생기고 노래도 잘합니다.

7. 여동생은 일본 드라마를 좋아합니다.

8. 당신은 고양이를 싫어합니까?

9. 김 씨는 일본어를 잘합니까?

10. 나는 영어를 잘 못합니다.

11. 이 방은 무척 깨끗합니다.

12. 이 핸드폰은 큽니다. 게다가 무겁습니다.

마무리 2

다음 문장을 크게 읽고 한국어로 말해 보세요.

1. まさこは ほんとうに きれいです。

2. 前(まえ)は ここの 交通(こうつう)は 不便(ふべん)でした。

3. あの 店(みせ)は きれいでは ありません。

4. あの 女(おんな)の タレントは きれいでは ありませんでした。

5. 今(いま)が 一番(いちばん) 幸(しあわ)せな 時(とき)です。

6. あの 歌手(かしゅ)は ハンサムで 歌(うた)も 上手(じょうず)です。

7. 妹(いもうと)は 日本(にほん)の ドラマが 好(す)きです。

8. あなたは 猫(ねこ)が きらいですか。

9. 金さんは 日本語(にほんご)が 上手(じょうず)ですか。

10. 私(わたし)は 英語(えいご)が 下手(へた)です。

11. この 部屋(へや)は とても きれいですね。

12. この ケータイは 大(おお)きいです。それに 重(おも)いです。

7

C.h.a.p.t.e.r

3時(さんじ)に 会(あ)います。

- 동사의 종류구별
- 동사의 ます형
- ~부터 ~까지

1 동사의 종류

모든 동사는 「う단」으로 끝난다.

동사종류에는 1그룹(5단)동사와 2그룹(1단)동사, 3그룹동사(불규칙동사)가 있다.

1 → 1그룹(5단)동사는 「る」로 끝나지 않거나, 「る」 앞이 「あ · う · お단」인 동사들이다.

1그룹동사 (5단)	会(あ)う 만나다	行(い)く 가다
	急(いそ)ぐ 서두르다	話(はな)す 이야기하다
	待(ま)つ 기다리다	死(し)ぬ 죽다
	飛(と)ぶ 날다	読(よ)む 읽다
	売(う)る 팔다	帰(かえ)る 돌아가다
	入(はい)る 들어가다	知(し)る 알다

2 → 2그룹(1단)동사는 「る」 앞이 「い · え단」인 동사들이다.

2그룹동사 (1단)	見(み)る 보다	食(た)べる 먹다
	起(お)きる 일어나다	寝(ね)る 자다
	かける 걸다	出(で)る 나가다

3 → 3그룹(불규칙)동사는 「する 하다」「来(く)る 오다」 둘 뿐이다.

3그룹동사 (불규칙)	する 하다 勉強(べんきょう)する 공부하다
	来(く)る 오다

● **예외동사는 모양은 2그룹(1단)동사지만, 1그룹(5단)동사활용을 한다.**

「帰(かえ)る 돌아오다」, 「入(はい)る 들어오다」, 「切る(き)る 자르다」, 「知(し)る 알다」…

4 WEEK

2 ~ㅂ니다

동사 ます형 + ます

동사를 정중체로 만들 때는 「ます」를 붙인다.

1그룹(5단)동사에는 어미의 い단으로 바꾸고 ます를 연결하고,

2그룹(1단)동사에는 어미る를 떼고 ます를 연결한다.

3그룹(불규칙)동사는 する는 し로 바꾸고, くる는 き로 바꾸고 ます를 연결한다.

ます가 연결되는 어미모양을 "ます형"이라고 한다.

1그룹(5단) い단으로 바꾸고 ます를 연결한다.	만나다	あう	→	あいます	만납니다.
	보내다	おくる	→	おくります	보냅니다.
	기다리다	まつ	→	まちます	기다립니다.
	서두르다	いそぐ	→	いそぎます	서두릅니다.
2그룹(1단) る를 떼어내고 ます를 연결한다.	보다	みる	→	みます	봅니다.
	먹다	たべる	→	たべます	먹습니다.
3그룹(불규칙)	하다	する	→	します	합니다.
	오다	くる	→	きます	옵니다.

tip

ます형

1 그룹 동사(5단동사)
→ 어미를 い단음으로 바꾼다.
2 그룹동사 (1단동사)
→ 어미 る를 떼어낸다.
3그룹동사(불규칙동사)
する → し
くる → き

나는 매일 아침 신문을 읽습니다 読(よ)む.

➔ 私(わたし)は 毎朝(まいあさ) 新聞(しんぶん)を ____________________。

초등학교에서 영어도 가르칩니다 教(おし)える.

➔ 小学校(しょうがっこう)で 英語(えいご)も ____________________。

아침 일찍 회사에 갑니다 行(い)く.

➔ 朝(あさ) 早(はや)く 会社(かいしゃ)へ ____________________。

4 WEEK

3 ~지 않습니다

문형연습

동사 ます형 + ません

1그룹(5단) い단으로 바꾸고 ません을 연결한다	만나다	あう	→	あいません	만나지 않습니다.
	보내다	おくる	→	おくりません	보내지 않습니다.
	기다리다	まつ	→	まちません	기다리지 않습니다.
	서두르다	いそぐ	→	いそぎません	서두르지 않습니다.
2그룹(1단) る를 떼어내고 ません을 연결한다	보다	みる	→	みません	보지 않습니다.
	먹다	たべる	→	たべません	먹지 않습니다.
3그룹(불규칙) 그냥 외운다	하다	する	→	しません	하지 않습니다.
	오다	くる	→	きません	오지 않습니다.

비싼 것은 사지 않습니다 買(か)う.

➔ 高(たか)い ものは ____________________。

인스턴트는 먹지 않습니다 食(た)べる.

➔ インスタントは ____________________。

나는 일요일에는 공부하지 않습니다 勉強(べんきょう)する.

➔ 私(わたし)は 日曜日(にちようび)には ____________________。

4 ~한 + 명사

문형연습

동사기본형 + 명사

동사에 명사를 연결할 때는 모든 동사 기본형에 붙인다.

1그룹(5단) 기본형에 연결한다	만나다	あう	→	만날 사람	あう 人(ひと)
	보내다	おくる	→	보낼 때	おくる 時(とき)
	기다리다	まつ	→	기다리는 시간	まつ 時間(じかん)
	서두르다	いそぐ	→	서두를 때	いそぐ 時(とき)
2그룹(1단) 기본형에 연결한다	보다	みる	→	볼 영화	みる 映画(えいが)
	먹다	たべる	→	먹는 요리	たべる 料理(りょうり)
3그룹(불규칙) 기본형에 연결한다.	하다	する	→	할 때	する 時(とき)
	오다	くる	→	올 사람	くる 人(ひと)

야마다 씨가 만들 作(つく)る 요리재료입니다.

➔ 山田(やまだ)さんが ＿＿＿＿＿ 料理(りょうり)の 材料(ざいりょう)です。

주말에 볼 見(み)る 영화는 유명합니다.

➔ 週末(しゅうまつ)に ＿＿＿＿＿ 映画(えいが)は 有名(ゆうめい)です。

다음 달에 이사할 引(ひ)っ越(こ)す 집은 역에서 가깝습니다.

➔ 来月(らいげつ)、 ＿＿＿＿＿ 家(うち)は 駅(えき)から 近(ちか)いです。

4 WEEK

5 ~에(구체적인 시간)

문형연습

~に

일요일**에**는 음악을 듣습니다.

日曜日(にちようび)**に**は 音楽(おんがく)を 聞(き)きます。

오후 7시**에** 식사를 합니다.

午後(ごご) 7時(じ)**に** 食事(しょくじ)を します。

6 ~이지만

~が

타나까 씨는 학생이**지만**, 스즈끼 씨는 회사원입니다.

田中さんは 学生(がくせい)です**が**、鈴木さんは 会社員(かいしゃいん)です。

어제는 휴일이었**지만**, 일을 했습니다.

昨日(きのう)は 休(やす)みでした**が**、仕事(しごと)を しました。

7 ~부터 ~까지

문형연습

~から ~まで

오전 9시부터 오후 3시까지입니다.

午前(ごぜん) 9時(くじ)から 午後(ごご) 3時(さんじ)までです。

타나까 씨부터 키무라 씨까지 A조입니다.

田中(たなか)さんから 木村(きむら)さんまで A組(ぐみ)です。

8 세어 보세요.

(1~100)

1	いち	11	じゅう いち	30	さんじゅう
2	に	12	じゅう に	40	よんじゅう
3	さん	13	じゅう さん	50	ごじゅう
4	よん / し	14	じゅう よん	60	ろくじゅう
5	ご	15	じゅう ご	70	ななじゅう
6	ろく	16	じゅう ろく	80	はちじゅう
7	なな / しち	17	じゅう なな	90	きゅうじゅう
8	はち	18	じゅう はち	100	ひゃく
9	きゅう / く	19	じゅう きゅう		
10	じゅう	20	にじゅう	0	れい・ゼロ

다음 숫자를 읽어 보세요.

1) 46 2) 59

3) 73 4) 84

5) 92 6) 61

9 몇 시 몇 분입니까?

문형연습

何時(なんじ) 何分(なんぷん) ですか

1時	いちじ	7時	しちじ
2時	にじ	8時	はちじ
3時	さんじ	9時	くじ
4時	よじ	10時	じゅうじ
5時	ごじ	11時	じゅういちじ
6時	ろくじ	12時	じゅうにじ

1분	**いっぷん**	6분	**ろっぷん**	11분	**じゅう いっぷん**
2분	にふん	7분	ななふん	12분	じゅう にふん
3분	**さんぷん**	8분	**はっぷん**	15분	じゅう ごふん
4분	**よんぷん**	9분	きゅうふん	20분	**にじゅっぷん**
5분	ごふん	10분	**じゅっぷん**	40분	**よんじゅっぷん**

ひなまつり(雛祭り) 3월3일

히나마츠리란 딸의 아름다운 성장과 행복을 축원하는 행사로 각 가정마다 다다미방에 3단이나 5단, 7단의 히나인형(雛人形-히나란 병아리를 나타내는 말로 작고 귀엽다는 뜻을 지니고 있다)을 장식하고 친구나 친척들을 불러 함께 축하한다. 복숭아꽃을 장식한다하여 이 날을 「모모노셋쿠(桃の節句)」라고도 하는데, 달콤한 시로자케(しろざけ)를 마시고 봄기운이 물씬한 치라시즈시(ちらしずし)나 맑은 대합국물, 또 마름모꼴의 홍·백·녹 3색 무지개떡인 히시모치(ひしもち)나 쌀과자인 히나아라레(ひなあられ)등을 먹으면서 보내는 화려한 축제이다.

4 WEEK

3時(さんじ)に 会(あ)います。

본문

ミウン： もしもし。

山本(やまもと)： もしもし。山本(やまもと)ですが、ミウンさんですか。

すみませんが、ミラさんの ケータイは何番(なんばん)ですか?

ミウン： あ、山本(やまもと)さん、妹(いもうと)の ケータイ番号(ばんごう)は 018―123―4567です。

山本(やまもと)： 018―123―4567ですね。実(じつ)は 今日(きょう) 3時(さんじ)に 明洞(ミョンドン)で

ミラさんに 会(あ)う 約束(やくそく)ですが、授業(じゅぎょう)が 2時(にじ)に

終(お)わりますから、ちょっと 遅(おく)れます。

ミウン： 今(いま) 学校(がっこう)ですか。今日(きょう)は アルバイトに 行(い)きませんか？

山本(やまもと)： はい。今日(きょう)は アルバイトに 行(い)きません。

ミウン： 学校(がっこう)から 明洞まで 三十分(さんじゅっぷん)ぐらい かかりますから、

十分(じゅうぶん)ですよ。

山本(やまもと)： あ、本当(ほんとう)ですか。どうも すみません。じゃ 失礼(しつれい)します。

ミウン： はい、 失礼(しつれい)します。

본문해석

미은 : 여보세요.

야마모또 : 여보세요. 야마모또입니다만, 미은 씨입니까?.
미안하지만, 미라 씨의 핸드폰은 몇 번입니까?

미은 : 아, 야마모또 씨. 여동생 핸드폰번호는 018－123－4567입니다.

야마모또 : 018－123－4567이군요. 실은 오늘 3시에 명동에서 미라 씨를 만날 약속인데, 수업이 2시에 끝나기 때문에 좀 늦을 겁니다.

미은 : 지금 학교입니까? 오늘은 아르바이트에 안 갑니까?

야마모또 : 예, 오늘은 아르바이트는 가지 않습니다.

미은 : 학교에서 명동까지 30분 정도 걸리니까, 충분합니다.

야마모또 : 아, 정말입니까? 매우 미안합니다. 그럼 끊겠습니다.

미은 : 네, 끊겠습니다.

4 WEEK

단어

- ケータイ 핸드폰
- 会(あ)う 만나다
- 約束(やくそく) 약속
- 終(お)わる 끝나다
- 行(い)く 가다
- 本当(ほんとう)だ 정말이다
- 妹(いもうと) 여동생
- 学校(がっこう) 학교
- 時間(じかん) 시간
- 遅(おく)れる 늦다
- 十分(じゅうぶん)だ 충분하다
- 失礼(しつれい) 실례

회화연습

1. 来週(らいしゅう)、友(とも)だちに 会(あ)いますか。
   다음 주에 친구를 만납니까?

   → はい。 ________________________。

2. 毎朝(まいあさ) ご飯(はん)を 食(た)べますか。
   매일아침 밥을 먹습니까?

   → いいえ。 ________________________。

3. 会社(かいしゃ)には バスで 行(い)きますか。
   회사는 버스로 갑니까?

   → いいえ。 ________________________。

4. 毎朝(まいあさ) 運動(うんどう)を しますか。
   매일 아침 운동을 합니까?

   → はい。 ________________________。

독해연습

해석해 보세요.

私は 普通(ふつう) 朝(あさ) 7時に 起(お)きます。朝御飯(あさごはん)は 食(た)べません。電車(でんしゃ)で 会社(かいしゃ)へ 行(い)きます。会社(かいしゃ)は 9時から 6時までです。昼ご飯(ひるごはん)は 同僚(どうりょう)と一緒(いっしょ)に 食(た)べます。週(しゅう)に 一回(いっかい)ぐらいは 会社(かいしゃ)の 人(ひと)と お酒(さけ)を 飲(の)みます。たいてい 7時(しちじ)ごろ 帰(かえ)ります。

독해단어

- 普通(ふつう) 보통, 평소
- 朝(あさ) 아침
- 起(お)きる 일어나다
- 食(た)べる 먹다
- 電車(でんしゃ) 전철
- 会社(かいしゃ) 회사
- 昼御飯(ひるごはん) 점심식사
- 同僚(どうりょう) 동료
- いっしょに 함께
- 週に(しゅう) 1주일에
- 一回(いっかい) 한번
- ぐらい 정도, 쯤
- お酒(さけ) 술
- 飲(の)む 마시다
- たいてい 대체로
- 帰(かえ)る 돌아가(오)다

4 WEEK

필수단어

다음 단어를 읽고 일본어는 한국어로, 한국어는 일본어로 쓰세요.

1. 番号(ばんごう)
2. 遅(おく)れる
3. 終(お)わる
4. いもうと
5. 만나다
6. 수업
7. 충분하다
8. 약속

오문정정

다음 일본어 문장을 읽고 잘못된 부분을 골라 보세요.

1. 토요일은 친구를 만납니다.

土曜日(どようび)は ともだち<u>に</u> <u>あい</u> <u>です</u>。
❶ ❷ ❸

2. 너무 비싼 물건은 사지 않습니다.

<u>あまり</u> 高(たか)い <u>もの</u>は <u>買(か)う</u> ません。
❶ ❷ ❸

3. 학교에 가는 버스는 150번입니다.

学校(がっこう)<u>へ</u> <u>行(い)きます</u> バスは 150番(ばん)<u>です</u>。
❶ ❷ ❸

4. 아침밥은 항상 8시에 먹습니다.

朝(あさ)ごはんは <u>いつも</u> 8時<u>に</u> <u>食(た)べり</u> ます。
❶ ❷ ❸

마무리 1

다음 문장을 일본어로 말해 보세요.

1. 나는 매일 아침 신문을 읽습니다.

2. 초등학교에서 영어도 가르칩니다.

3. 아침 일찍 회사에 갑니다.

4. 비싼 것은 사지 않습니다.

5. 인스턴트는 먹지 않습니다.

6. 야마다 씨가 만들 요리재료입니다.

7. 다음 달에 이사할 집은 역에서 가깝습니다.

8. 일요일에는 음악을 듣습니다.

9. 오후 7시에 식사를 합니다.

10. 어제는 휴일이었지만, 일을 했습니다.

11. 오전 9시부터 오후 3시까지 입니다.

12. 타나까 씨부터 키무라 씨까지 A조입니다.

4 WEEK

마무리 2

다음 문장을 크게 읽고 한국어로 말해 보세요.

1. 私(わたし)は 毎朝(まいあさ) 新聞(しんぶん)を 読(よ)みます。

2. 小学校(しょうがっこう)で 英語(えいご)も 教(おし)えます。

3. 朝(あさ) 早(はや)く 会社(かいしゃ)へ 行(い)きます。

4. 高(たか)い ものは 買(か)いません。

5. インスタントは 食(た)べません。

6. 山田(やまだ)さんが 作(つく)る 料理(りょうり)の 材料(ざいりょう)です。

7. 来月(らいげつ)、引(ひ)っ越(こ)す 家(うち)は 駅(えき)から 近(ちか)いです。

8. 日曜日(にちようび)には 音楽(おんがく)を 聞(き)きます。

9. 午後(ごご) 7時(じ)に 食事(しょくじ)を します。

10. 昨日(きのう)は 休(やす)みでしたが、仕事(しごと)を しました。

11. 午前(ごぜん) 9時(くじ)から 午後(ごご) 3時(さんじ)までです。

12. 田中(たなか)さんから 木村(きむら)さんまで A組(ぐみ)です。

8 C.h.a.p.t.e.r

茶碗(ちゃわん)を 買(か)いました。

- 동사 과거형
- 동사 과거부정형

1 동사 + ㅆ습니다(과거)

문형연습

동사 ます형 + ました

동사의 과거형 ました는 ます형에 연결된다.

1그룹(5단) + ~ㅆ습니다	만나다	あ**う**	→	あ**い**ました
	보내다	おく**る**	→	おく**り**ました
	기다리다	ま**つ**	→	ま**ち**ました
	돌아가다	かえ**る**	→	かえ**り**ました
2그룹(1단) + ~ㅆ습니다	보다	み**る**	→	みました
	먹다	たべ**る**	→	たべました
	일어나다	おき**る**	→	おきました
3그룹(불규칙) + ~ㅆ습니다	하다	**する**	→	**し**ました
	오다	**くる**	→	**き**ました

어제는 친구와 술을 마셨습니다. 飮(の)む.

➔ 昨日(きのう)は 友(とも)だちと お酒(さけ)を ＿＿＿＿＿＿＿＿。

tip

ます형

1그룹 동사(5단동사)
→ 어미를 い단음으로 바꾼다.
2그룹동사 (1단동사)
→ 어미 る를 떼어낸다.
3그룹동사(불규칙동사)
する → し
くる → き

점심은 스시를 먹었습니다. 食(た)べる.

➔ 昼ごはんは すしを ＿＿＿＿＿＿＿＿。

2 동사 + (하)지 않았습니다(과거부정) 문형연습

동사 ます형 + ませんでした

동사의 과거부정형 ませんでした는 ます형에 연결된다.

1그룹(5단) + ~(이)지 않았습니다	만나다	あう	→	あいませんでした
	보내다	おくる	→	おくりませんでした
	기다리다	まつ	→	まちませんでした
	돌아가다	かえる	→	かえりませんでした
2그룹(1단) + ~(이)지 않았습니다	보다	みる	→	みませんでした
	먹다	たべる	→	たべませんでした
	일어나다	おきる	→	おきませんでした
3그룹(불규칙) + ~(이)지 않았습니다	하다	する	→	しませんでした
	오다	くる	→	きませんでした

아침에 산책은 하지 않았습니다. する.

→ 朝(あさ)、散歩(さんぽ)は ____________________。

작년에 일본어는 배우지 않았습니다. 習(なら)う.

→ 去年(きょねん)、 日本語(にほんご)は ____________________。

4 WEEK

3 동사 + ~합시다

문형연습

동사 ます형 + ましょう

상대방에게 권유를 할 때 ます형에 ~ましょう를 연결한다.

나와 함께 산책합시다. 散歩(さんぽ)する.

➔ 私(わたし)と いっしょに ______________________。

내일 영화를 봅시다. 見(み)る.

➔ 明日(あした) 映画(えいが)を ______________________。

오늘은 일찍 돌아갑시다. 帰(かえ)る.

➔ 今日(きょう)は 早(はや)く ______________________。

tip

ます형

1 그룹 동사(5단동사)
→ 어미를 い단음으로 바꾼다.
2 그룹동사 (1단동사)
→ 어미 る를 떼어낸다.
3그룹동사(불규칙동사)
する → し
くる → き

4 ~지만, ~는데

문형연습

~が

앞 문장과 다른 내용을 연결할 때 쓴다.

그는 일본인이지만, 한국어를 잘 합니다.

彼(かれ)は 日本人(にほんじん)ですが、韓国語(かんこくご)が 上手(じょうず)です。

타코야키는 뜨겁지만, 맛있습니다.

たこ焼(や)きは 熱(あつ)いですが、 おいしいです。

일본어는 서툴지만, 좋아합니다.

日本語(にほんご)は 下手(へた)ですが、好(す)きです。

백화점에 갔습니다만, 아무 것도 사지 않았습니다.

デパートへ 行(い)きましたが、何(なに)も 買(か)いませんでした。

茶碗を 買いました。

본문

山本： ミラさん、これ つまらないものですが どうぞ。

ミラ： これ、何ですか。

山本： 焼き物です。先週、陶芸祭りに 行きましたが、
そこで 自分で 作りました。

ミラ： えっ! 本当に。どうも ありがとう。
山本さん、すごいですね。

山本： そんなことないですよ。でも あんなに たのしいとは
思いませんでした。それから そこで 茶碗を 買いました。

ミラ： 茶碗ですか。

山本： はい。来月、いとこが 結婚しますから、
結婚祝いに 買いました。

본문해석

야마모또 : 미라 씨, 이것 별거 아니지만 받으세요.

미라 : 이게 무엇입니까?

야마모또 : 도자기입니다. 지난주에 도예축제에 갔었는데,
그곳에서 직접 만들었습니다.

미라 : 에? 정말입니까? 정말 고마워요.
야마모또 씨. 대단하네요.

야마모또 : 그렇지 않습니다. 하지만 그렇게 즐거울 거라고는
생각 안했습니다. 그리고 그곳에서 찻잔을 샀습니다.

미라 : 찻잔 말입니까?

야마모또 : 다음달에 사촌이 결혼하기 때문에,
결혼선물로 샀습니다.

단어

- つまらない 별거 아니다
- 先週(せんしゅう) 지난 주
- 買(か)う 사다
- 作(つく)る 만들다
- 思(おも)う 생각하다
- 来月(らいげつ) 다음 달
- 結婚(けっこん)する 결혼하다
- 陶芸(とうげい) 도예
- 祭(まつ)り 축제
- 自分(じぶん)で 스스로, 직접
- すごい 대단하다
- 茶碗(ちゃわん) 찻잔
- いとこ 사촌
- 結婚祝(けっこんいわ)い 결혼선물

회화연습

1. 昨日(きのう)は 学校(がっこう)へ 行(い)きましたか。
   어제는 학교에 갔습니까?

   ➔ いいえ、 ______________________。

2. 朝(あさ)、コーヒーを 飲(の)みましたか。
   아침에 커피를 마셨습니까?

   ➔ はい、 ______________________。

3. 木村(きむら)さんに 話(はな)しましたか。
   키무라 씨에게 얘기했습니까?

   ➔ いいえ、 ______________________。

4. 昼(ひる)ごはんは 食(た)べましたか。
   점심밥은 먹었습니까?

   ➔ はい、 ______________________。

독해연습

해석해 보세요.

今度(こんど)の 日曜日(にちようび)に 友達(ともだち)と 一緒(いっしょ)に 山(やま)へ 登(のぼ)りました。頂上(ちょうじょう)で 1時間(じかん)ぐらい 休(やす)みました。友達(ともだち)と 音楽(おんがく)に ついて 話(はな)しました。友達(ともだち)は 音楽(おんがく)が 大好(だいす)きです。午後(ごご) 5時(じ)頃(ごろ) 山(やま)から 下(お)りました。お腹(なか)が 空(す)きましたが 何(なに)も 食(た)べませんでした。7時(じ)ごろ 家(うち)へ 帰(かえ)りました。家(うち)で ご飯(はん)を 食(た)べました。

독해단어

- 今度(こんど) 이번
- 日曜日(にちようび) 일요일
- 登(のぼ)る 오르다
- 頂上(ちょうじょう) 정상
- 休(やす)む 쉬다
- 音楽(おんがく) 음악
- 話(はな)す 이야기
- 午後(ごご) 오후
- 下(お)りる 내려오다
- お腹(なか)が 空(す)く 배가 고프다
- 帰(かえ)る 돌아가다

4 WEEK

필수단어

다음 단어를 읽고 일본어는 한국어로, 한국어는 일본어로 쓰세요.

1. 祭(まつ)り
2. 茶碗(ちゃわん)
3. つまらない
4. 自分(じぶん)で
5. 만들다
6. 지난 달
7. 사촌
8. 결혼선물

오문정정

다음 일본어 문장을 읽고 잘못된 부분을 골라 보세요.

1. 주말은 선배와 함께 영화를 봤습니다.

   週末(しゅうまつ)は 先輩(せんぱい)と❶ いっしょに 映画(えいが)を 見(み)❷ でした❸。

2. 어젯밤에는 12시에 잤습니다.

   夕(ゆう)べは❶ 12時に❷ 寝(ね)ます❸。

3. 지난 주 일요일은 바빠서 쉬지 못했습니다.

   先週(せんしゅう)の❶ 日曜日(にちようび)は 忙(いそが)しくて❷ 休(やす)み ませんです❸。

4. 내일 타나까 씨는 오지 않습니다.

   明日(あした)❶ 田中(たなか)さんは 来(き)ません❷ でした❸。

마무리 1

다음 문장을 일본어로 말해 보세요.

1. 점심밥은 스시를 먹었습니다.

2. 작년에 일본어는 배우지 않았습니다.

3. 어제는 친구와 술을 마셨습니다.

4. 아침에 산책은 하지 않았습니다.

5. 나와 함께 산책합시다.

6. 내일 영화를 봅시다.

7. 오늘은 일찍 돌아갑시다.

8. 그는 일본인이지만, 한국어를 잘 합니다.

9. 타코야키는 뜨겁지만, 맛있습니다.

10. 일본어는 서툴지만, 좋아합니다.

11. 백화점에 갔습니다만, 아무 것도 사지 않았습니다.

마무리 2

다음 문장을 크게 읽고 한국어로 말해 보세요.

1. 昼(ひる)ごはんは　すしを　食(た)べました。

2. 去年(きょねん)、日本語(にほんご)は 習(なら)いませんでした。

3. 昨日(きのう)は 友(とも)だちと お酒(さけ)を 飲(の)みました。

4. 朝(あさ)、散歩(さんぽ)は しませんでした。

5. 私(わたし)と いっしょに 散歩(さんぽ)しましょう。

6. 明日(あした) 映画(えいが)を 見(み)ましょう。

7. 今日(きょう)は 早(はや)く 帰(かえ)りましょう。

8. 彼(かれ)は日本人(にほんじん)ですが、韓国語(かんこくご)が上手(じょうず)です。

9. たこ焼(や)きは 熱(あつ)いですが、おいしいです。

10. 日本語(にほんご)は 下手(へた)ですが、好(す)きです。

11. デパートへ 行(い)きましたが、何(なに)も 買(か)いませんでした。

3과 |오|문|정|정|정|답|

1. ③ 명사를 부정할 때는 명사에 じゃ ありません을 연결한다.
2. ① 명사 앞에 오는 지시사는 この이다. これ는 "이것"이라는 뜻이다.
3. ② 학생은 がくせい이다. 발음할 때는 さ행 앞에 오는 く는 촉음화 되므로 がっせい는 발음표기이다.
4. ① 일본어는 상대경어이므로 자신의 가족을 남에게 말할 때는 올려서 말하면 안 된다. 따라서 はは라고 해야 한다.

4과 |오|문|정|정|정|답|

1. ② い형용사의 부정형은 어미い를 く로 바꾸고 ないです를 연결한다. の는 필요 없다.
2. ② い형용사의 부정형은 어미い가 く로 바뀌는 것이므로 어미 い가 없어야 한다.
3. ② い형용사의 부정형은 어미い가 く로 바뀌어야 한다. 기본형에는 기본형이 연결될 수 없다.
4. ② い형용사의 정중체는 기본형에 です가 연결된다. 어간에 연결될 수 없다.

5과 |오|문|정|정|정|답|

1. ③ い형용사 과거형은 어미い를 떼고 かったです를 연결한다.
2. ③ い형용사 뒤에는 でした가 올 수 없다.
3. ② い형용사 뒤에 ~て가 올 때는 어미 い를 く로 바꾸고 연결한다.
4. ② い형용사에 です가 연결될 때는 기본형에 연결된다.

6과 |오|문|정|정|정|답|

1. ① な형용사 뒤에 명사가 올 때는 어미だ를 な로 바꾼다.
2. ② な형용사를 정중체로 할 때는 어미だ를 です로 바꾼다.
3. ② な형용사를 부정으로 할 때는 어간에 じゃ(=では) ありません이 연결된다.
   きれいだ는 な형용사이다.
4. ③ 부정의 과거형은 ~じゃありませんでしだ로 해야 한다.

7과 |오|문|정|정|정|답|

1. ③ 동사를 정중체로 말할 때는 ます형에 ます를 연결한다.
2. ③ ません은 동사의 ます형에 연결된다.
3. ② 동사 뒤에 명사가 연결될 때는 기본형에 연결된다.
4. ③ 食(た)べる는 2그룹(1단)동사이므로 る를 떼고 ます를 연결해야 된다.

8과 |오|문|정|정|정|답|

1. ③ 동사의 정중체 과거는 ました를 연결한다.
2. ③ 동사의 과거는 ました이다. 어젯밤(夕(ゆう)べ)은 과거이므로 과거로 해야 한다.
3. ③ 과거부정형은 ませんでした이다.
4. ③ ~ませんでした는 과거부정형이다.

1 지시대명사

		~것(사물)		~곳(장소)		~쪽(방향)		명사연결형	
이	こ	이것	これ	이곳	ここ	이쪽	こちら	이	この
그	そ	그것	それ	그곳	そこ	그쪽	そちら	그	その
저	あ	저것	あれ	저곳	あそこ	저쪽	あちら	저	あの
어느	ど	어느 것	どれ	어느 곳	どこ	어느 쪽	どちら	어느	どの

2 언제입니까? いつですか

날(日)	어제	오늘	내일	매일
	昨日(きのう)	今日(きょう)	明日(あした)	毎日(まいにち)
월(月)	지난달	이번달	다음달	매월
	先月(せんげつ)	今月(こんげつ)	来月(らいげつ)	毎月(まいつき)
년(年)	작년	올해	내년	매년
	去年(きょねん)	今年(ことし)	来年(らいねん)	毎年(まいとし)

3 가족 명칭

우리 가족을 말할 때	명 칭	남의 가족을 말할 때
父(ちち)	아버지	お父(とう)さん
母(はは)	어머니	お母(かあ)さん
兄(あに)	오빠, 형	お兄(にい)さん
姉(あね)	누나, 언니	お姉(ねえ)さん
弟(おとうと)	남동생	弟(おとうと)さん
妹(いもうと)	여동생	妹(いもうと)さん

4 い형용사

1	가볍다	軽(かる)い	21	서늘하다	涼(すず)しい
2	길다	長(なが)い	22	새롭다	新(あたら)しい
3	기쁘다	うれしい	23	쉽다	易(やさ)しい
4	나쁘다	悪(わる)い	24	슬프다	悲(かな)しい
5	낡다	古(ふる)い	25	시시하다	つまらない
6	넓다	広(ひろ)い	26	심하다	ひどい
7	달다	甘(あま)い	27	싸다	安(やす)い
8	대단하다	すごい	28	쓸쓸하다	寂(さび)しい
9	덥다	暑(あつ)い	29	아프다	痛(いた)い
10	따뜻하다	暖(あたた)かい	30	어렵다	難(むずか)しい
11	맛없다	まずい	31	작다	小(ちい)さい
12	맛있다	おいしい	32	재미있다	面白(おもしろ)い
13	멀다	遠(とお)い	33	적다	少(すく)ない
14	많다	多(おお)い	34	좁다	狭(せま)い
15	맵다	辛(から)い	35	좋다	いい/よい
16	바쁘다	忙(いそが)しい	36	즐겁다	楽(たの)しい
17	밝다	明(あか)るい	37	차갑다	冷(つめ)たい
18	부럽다	うらやましい	38	춥다	寒(さむ)い
19	비싸다	高(たか)い	39	친하다	親(した)しい
20	빨갛다	赤(あか)い	40	크다	大(おお)きい

5 무슨 색입니까? 何色(なにいろ)ですか。

빨간색	赤色(あかいろ)	연두색	黄緑(きみどり)色(いろ)
녹색	緑色(みどりいろ)	분홍색	桃色(ももいろ)=ピンク
흰색	白色(しろいろ)	회색	灰色(はいいろ)
갈색	茶色(ちゃいろ)	노란색	黄色(きいろ)
보라색	紫色(むらさきいろ)	검은색	黒色(くろいろ)
파란색	青色(あおいろ)	하늘색	空色(そらいろ)

6 な형용사

1	간단하다	簡単(かんたん)だ	14	유감이다	残念(ざんねん)だ
2	같다	同(おな)じだ	15	유명하다	有名(ゆうめい)だ
3	건강하다	元気(げんき)だ	16	조용하다	静(しずか)だ
4	괜찮다	大丈夫(だいじょうぶ)だ	17	좋아하다	好(す)きだ
5	능숙하다	上手(じょうず)だ	18	친절하다	親切(しんせつ)だ
6	멋지다	すてきだ	19	터프하다	タフだ
7	번화하다	賑(にぎ)やかだ	20	튼튼하다	丈夫(じょうぶ)だ
8	불편하다	不便(ふべん)だ	21	편리하다	便利(べんり)だ
9	서툴다	下手(へた)だ	22	편하다	楽(らく)だ
10	성실하다	真面目(まじめ)だ	23	한가하다	暇(ひま)だ
11	소중하다	大切(たいせつ)だ	24	핸섬하다	ハンサムだ
12	싫어하다	嫌(きら)いだ	25	행복하다	幸(しあわ)せだ
13	예쁘다	きれいだ	26	힘들다	大変(たいへん)だ

7 1그룹동사 (5단동사)

1	가다	行(い)く	17	사다	買(か)う
2	걷다	歩(ある)く	18	사용하다	使(つか)う
3	기다리다	待(ま)つ	19	서두르다	急(いそ)ぐ
4	끝나다	終(お)わる	20	쓰다	書(か)く
5	노래하다	歌(うた)う	21	씻다	洗(あら)う
6	놀다	遊(あそ)ぶ	22	앉다	座(すわ)る
7	당기다	引(ひ)く	23	일어서다	起(お)きる
8	돌아가다	帰(かえ)る	24	읽다	読(よ)む
9	듣다	聞(き)く	25	얘기하다	話(はな)す
10	들어가다	入(はい)る	26	자르다	切(き)る
11	마시다	飲(の)む	27	죽다	死(し)ぬ
12	만나다	会(あ)う	28	집다	取(と)る
13	말하다	言(い)う	29	찍다	撮(と)る
14	밀다	押(お)す	30	타다	乗(の)る
15	배우다	習(なら)う	31	피우다	吸(す)う
16	부르다	呼(よ)ぶ	32	헤엄치다	泳(およ)ぐ

8 2그룹동사 (1단동사)

1	가르치다	教(おし)える	5	외출하다	出(で)かける
2	걸다	かける	6	일어나다	起(お)きる
3	먹다	食(た)べる	7	자다	寝(ね)る
4	보다	見(み)る			

9 3그룹동사 (불규칙동사)

1	공부하다	勉強(べんきょう)する	5	소개하다	紹介(しょうかい)する
2	복사하다	コピーする	6	오다	来(く)る
3	산책하다	散歩(さんぽ)する	7	하다	する

10 착용동사

모자를 썼습니다.	帽子(ぼうし)を かぶっています。
안경을 꼈습니다.	眼鏡(めがね)を かけています。
상의를 입었습니다.	上着(うわぎ)を 着(き)ています。
블라우스를 입었습니다.	ブラウスを 着(き)ています。
정장을 입었습니다.	スーツを 着(き)ています。
바지를 입었습니다.	ズボンを はいています。
치마를 입었습니다.	スカートを はいています。
구두를 신었습니다.	靴(くつ)を はいています。
양말을 신었습니다.	靴下(くつした)を はいています。
시계를 찼습니다.	時計(とけい)を しています。
넥타이를 했습니다.	ネクタイを しています。
스카프를 했습니다.	スカーフを しています。

11 세어 보세요. (1~100)

1 いち	11 じゅう いち	21 にじゅう いち	40 よんじゅう
2 に	12 じゅう に	22 にじゅう に	50 ごじゅう
3 さん	13 じゅう さん	23 にじゅう さん	60 ろくじゅう
4 よん / し	14 じゅう よん	24 にじゅう よん	70 ななじゅう
5 ご	15 じゅう ご	25 にじゅう ご	80 はちじゅう
6 ろく	16 じゅう ろく	26 にじゅう ろく	90 きゅうじゅう
7 なな / しち	17 じゅう なな	27 にじゅう なな	100 ひゃく
8 はち	18 じゅう はち	28 にじゅう はち	
9 きゅう / く	19 じゅう きゅう	29 にじゅう きゅう	0 ゼロ / れい
10 じゅう	20 にじゅう	30 さんじゅう	

12 세어 보세요. (100~90만)

100 ひゃく	1000 せん	1만 いちまん	10만 じゅうまん
200 にひゃく	2000 にせん	2만 にまん	20만 にじゅうまん
300 さんびゃく	3000 さんぜん	3만 さんまん	30만 さんじゅうまん
400 よんひゃく	4000 よんせん	4만 よんまん	40만 よんじゅうまん
500 ごひゃく	5000 ごせん	5만 ごまん	50만 ごじゅうまん
600 ろっぴゃく	6000 ろくせん	6만 ろくまん	60만 ろくじゅうまん
700 ななひゃく	7000 ななせん	7만 ななまん	70만 ななじゅうまん
800 はっぴゃく	8000 はっせん	8만 はちまん	80만 はちじゅうまん
900 きゅうひゃく	9000 きゅうせん	9만 きゅうまん	90만 きゅうじゅうまん

13 개수 세는 법

한 개	두 개	세 개	네 개	다섯 개	여섯 개
一(ひと)つ	二(ふた)つ	三(みっ)つ	四(よっ)つ	五(いつ)つ	六(むっ)つ
일곱 개	여덟 개	아홉 개	열 개		몇 개
七(なな)つ	八(やっ)つ	九(ここの)つ	十(とお)		いくつ

14 잔 세는 법

한 잔	두 잔	세 잔	네 잔	다섯 잔	여섯 잔
一杯 (いっぱい)	二杯 (にはい)	三杯 (さんばい)	四杯 (よんはい)	五杯 (ごはい)	六杯 (ろっぱい)
일곱 잔	여덟 잔	아홉 잔	열 잔		몇 잔
七杯 (ななはい)	八杯 (はっぱい)	九杯 (きゅうはい)	十杯 (じゅっぱい)		何杯 (なんばい)

15 병 세는 법

한 병	두 병	세 병	네 병	다섯 병	여섯 병
一本 (いっぽん)	二杯 (にはい)	三本 (さんぼん)	四本 (よんほん)	五本 (ごほん)	六本 (ろっぽん)
일곱 병	여덟 병	아홉 병	열 병		몇 병
七本 (ななほん)	八本 (はっぽん)	九本 (きゅうほん)	十本 (じゅっぽん)		何本 (なんぼん)

16 횟수 세는 법

한 번	두 번	세 번	네 번	다섯 번	여섯 번
一回 (いっかい)	二回 (にかい)	三回 (さんかい)	四回 (よんかい)	五回 (ごかい)	六回 (ろっかい)
일곱 번	여덟 번	아홉 번	열 번		몇 번
七回 (ななかい)	八回 (はっかい)	九回 (きゅうかい)	十回 (じゅっかい)		何回 (なんかい)

17 사람 수 세는 법

한 명	두 명	세 명	네 명	다섯 명	여섯 명
一人 (ひとり)	二人 (ふたり)	三人 (さんにん)	四人 (よにん)	五人 (ごにん)	六人 (ろくにん)
일곱 명	여덟 명	아홉 명	열 명		몇 명
七人 (ななにん)	八人 (はちにん)	九人 (きゅうにんん)	十人 (じゅうにん)		何人 (なんにん)

18 층 세는 법

1층	2층	3층	4층	5층	6층
一階 (いっかい)	二階 (にかい)	三階 (さんがい)	四階 (よんかい)	五階 (ごかい)	六階 (ろっかい)
7층	8층	9층	10층		몇 층
七階 (ななかい)	八階 (はっかい)	九階 (きゅうかい)	十階 (じゅっかい)		何階 (なんがい)

19 나이 세는 법

한 살	두 살	세 살	네 살	다섯 살	여섯 살
一歳 (いっさい)	二歳 (にさい)	三歳 (さんさい)	四歳 (よんさい)	五歳 (ごさい)	六歳 (ろくさい)
일곱 살	여덟 살	아홉 살	열 살		몇 살
七歳 (ななさい)	八歳 (はっさい)	九歳 (きゅうさい)	十歳 (じゅっさい)		何歳 (なんさい)

20 몇 대인지 세는 법

한 대	두 대	세 대	네 대	다섯 대	여섯 대
1台 (いちだい)	2台 (にだい)	3台 (さんだい)	4台 (よんだい)	5台 (ごだい)	6台 (ろくだい)
일곱 대	여덟 대	아홉 대	열 대		몇 대
7台 (ななだい)	8台 (はちだい)	9台 (きゅうだい)	10台 (じゅうだい)		何台 (なんだい)

21 몇 년인지 세는 법

1년	2년	3년	4년	5년	6년
一年 (いちねん)	二年 (にねん)	三年 (さんねん)	四年 (よねん)	五年 (ごねん)	六年 (ろくねん)
7년	8년	9년	10년		몇 년
七年 (ななねん)	八年 (はちねん)	九年 (きゅうねん)	十年 (じゅうねん)		何年 (なんねん)

22 몇 개월인지 세는 법

1개월	2개월	3개월	4개월	5개월	6개월
一ヶ月 (いっかげつ)	二ヶ月 (にかげつ)	三ヶ月 (さんかげつ)	四ヶ月 (よんかげつ)	五ヶ月 (ごかげつ)	六ヶ月 (ろっかげつ)
7개월	8개월	9개월	10개월		몇 개월
七ヶ月 (ななかげつ)	八ヶ月 (はっかげつ)	九ヶ月 (きゅうかげつ)	十ヶ月 (じゅっかげつ)		何ヵ月 (なんかげつ)

23 몇 주일인지 세는 법

1주일	2주일	3주일	4주일	5주일	6주일
一週間 (いっしゅうかん)	二週間 (にしゅうかん)	三週間 (さんしゅうかん)	四週間 (よんしゅうかん)	五週間 (ごしゅうかん)	六週間 (ろくしゅうかん)
7주일	8주일	9주일	10주일		몇 주일
七週間 (ななしゅうかん)	八週間 (はっしゅうかん)	九週間 (きゅうしゅうかん)	十週間 (じゅっしゅうかん)		何週間 (なんしゅうかん)

24 몇 박인지 세는 법

1박	2박	3박	4박	5박	6박
一泊 (いっぱく)	二泊 (にはく)	三泊 (さんぱく)	四泊 (よんはく)	五泊 (ごはく)	六泊 (ろっぱく)
7박	8박	9박	10박		몇 박
七泊 (ななはく)	八泊 (はっぱく)	九泊 (きゅうはく)	十泊 (じゅっぱく)		何泊 (なんぱく)

25 몇 접시인지 세는 법

한 접시	두 접시	세 접시	네 접시	다섯 접시	여섯 접시
一皿 (ひとさら)	二皿 (ふたさら)	三皿 (みさら)	四皿 (よんさら)	五皿 (ごさら)	六皿 (ろくさら)
일곱 접시	여덟 접시	아홉 접시	열 접시		몇 접시
七皿 (ななさら)	八皿 (はちさら)	九皿 (きゅうさら)	十皿 (じゅっさら)		何皿 (なんさら)

26 번호 세는 법

1번	2번	3번	4번	5번	6번
一番 (いちばん)	二番 (にばん)	三番 (さんばん)	四番 (よんばん)	五番 (ごばん)	六番 (ろくばん)
7번	8번	9번	10번		몇 번
七番 (ななばん)	八番 (はちばん)	九番 (きゅうばん)	十番 (じゅうばん)		何番 (なんばん)

27 몇 마리인지 세는 법

한 마리	두 마리	세 마리	네 마리	다섯 마리	여섯 마리
一匹 (いっぴき)	二匹 (にひき)	三匹 (さんびき)	四匹 (よんひき)	五匹 (ごひき)	六匹 (ろっぴき)
일곱 마리	여덟 마리	아홉 마리	열 마리		몇 마리
七匹 (ななひき)	八匹 (はっぴき)	九匹 (きゅうひき)	十匹 (じゅっぴき)		何匹 (なんびき)

28 몇 켤레인지 세는 법

한 켤레	두 켤레	세 켤레	네 켤레	다섯 켤레	여섯 켤레
一足 (いっそく)	二足 (にそく)	三足 (さんそく)	四足 (よんそく)	五足 (ごそく)	六足 (ろくそく)
일곱 켤레	여덟 켤레	아홉 켤레	열 켤레		몇 켤레
七足 (ななそく)	八足 (はっそく)	九足 (きゅうそく)	十足 (じゅっそく)		何足 (なんぞく)

29 몇 장인지 세는 법

한 장	두 장	세 장	네 장	다섯 장	여섯 장
一枚 (いちまい)	二枚 (にまい)	三枚 (さんまい)	四枚 (よんまい)	五枚 (ごまい)	六枚 (ろくまい)
일곱 장	여덟 장	아홉 장	열 장		몇 장
七枚 (ななまい)	八枚 (はちまい)	九枚 (きゅうまい)	十枚 (じゅうまい)		何枚 (なんまい)

30 몇 권인지 세는 법

한 권	두 권	세 권	네 권	다섯 권	여섯 권
一冊 (いっさつ)	二冊 (にさつ)	三冊 (さんさつ)	四冊 (よんさつ)	五冊 (ごさつ)	六冊 (ろくさつ)
일곱 권	여덟 권	아홉 권	열 권		몇 권
七冊 (ななさつ)	八冊 (はっさつ)	九冊 (きゅうさつ)	十冊 (じゅっさつ)		何冊 (なんさつ)

왕·초·보·를·위·한

4주 완성 일본어 첫 번째 걸음

초판 1쇄 인쇄일 · 2005년 6월 20일

초판 1쇄 발행일 · 2005년 6월 25일

지은이 • 이성순, 송현미

감 수 • 키쿠치 세이지

펴낸이 • 박영희

표 지 • 최은영

편 집 • 정유경

펴낸곳 • 도서출판 어문학사

132-891 서울시 도봉구 쌍문동 525-13

전화 (02) 998-0094 | 팩스 (02)998-2268

E-mail : am@amhbook.com

URL : 어문학사

출판등록 : 2004년 4월 6일 제7-276호

ISBN 89-91222-43-9 18730(전2권)

89-91222-44-7 18730

가격 12,000원